飾りパンの技術

神戸屋レストランに見る 基礎、応用、挑戦

La technique du pain décoratif

旭屋出版

飾りパンの技術
神戸屋レストランに見る基礎、応用、挑戦

毎日焼き上げているパンは
ただ、おなかを満たすだけでなく
心にも潤いを与える力を持っています
その象徴が、飾りパン

見る人に、温かさと笑顔を届けたい

そんな日本のプロのベーカーたちにぜひ
チャレンジしてほしいと
ステップ1で基礎、ステップ2で
その応用をご紹介しました
ステップ3は世界と戦う「挑戦」の要素を
盛り込んでいます

飾りパンは、同じ技術でも
作り手によってまったく表情が変わります
あなたの飾りパンは
あなたならではの感動を創ります

さあ、少しずつ、一緒に始めてみませんか

CONTENTS

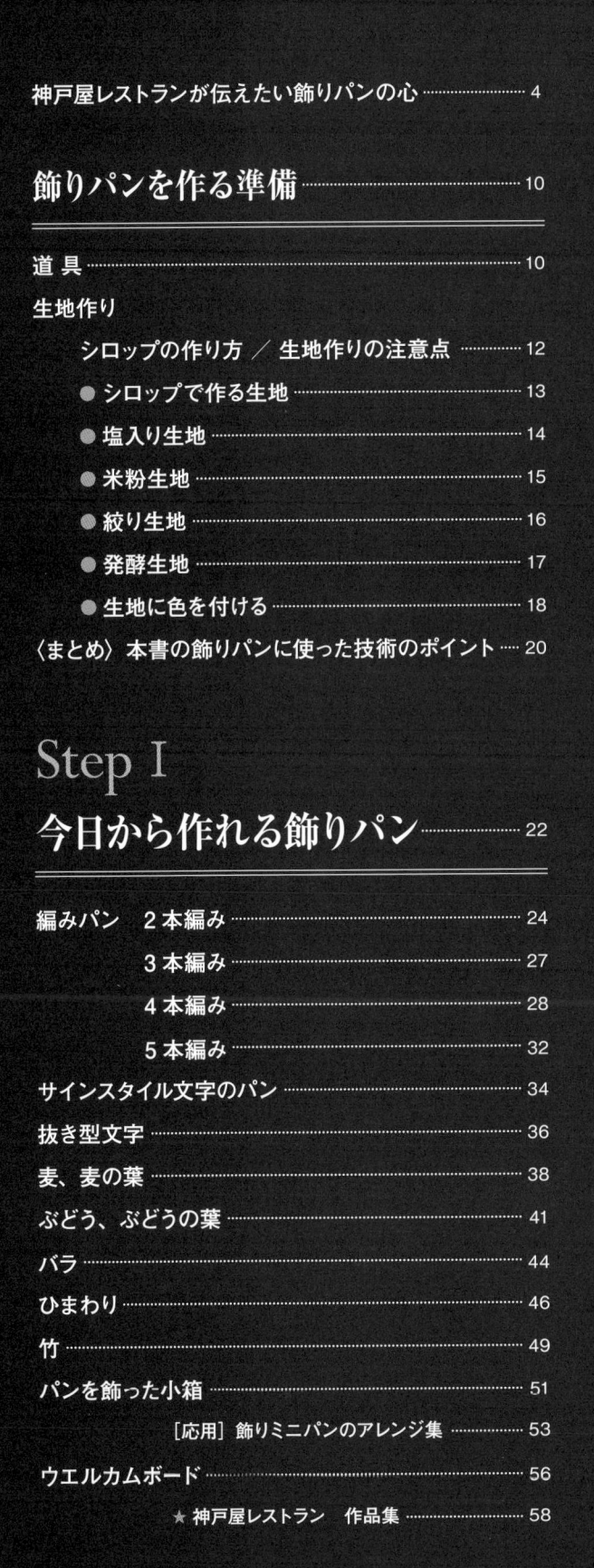

神戸屋レストランが伝えたい飾りパンの心 ………… 4

飾りパンを作る準備 ………………………… 10

道具 …………………………………………… 10
生地作り
　シロップの作り方／生地作りの注意点 ……… 12
　● シロップで作る生地 ……………………… 13
　● 塩入り生地 ………………………………… 14
　● 米粉生地 …………………………………… 15
　● 絞り生地 …………………………………… 16
　● 発酵生地 …………………………………… 17
　● 生地に色を付ける ………………………… 18
〈まとめ〉本書の飾りパンに使った技術のポイント … 20

Step I
今日から作れる飾りパン ………… 22

編みパン　2本編み ……………………………… 24
　　　　　　3本編み ……………………………… 27
　　　　　　4本編み ……………………………… 28
　　　　　　5本編み ……………………………… 32
サインスタイル文字のパン ……………………… 34
抜き型文字 ………………………………………… 36
麦、麦の葉 ………………………………………… 38
ぶどう、ぶどうの葉 ……………………………… 41
バラ ………………………………………………… 44
ひまわり …………………………………………… 46
竹 …………………………………………………… 49
パンを飾った小箱 ………………………………… 51
　　　［応用］飾りミニパンのアレンジ集 ……… 53
ウエルカムボード ………………………………… 56
　　　　　★神戸屋レストラン　作品集 ……… 58

Step II
プロの技術で作る飾りパン ……… 60

プレッツェル形　新年飾り
　（ニュー・イヤー・パン・デコレ） ………… 62
編みパンとプレッツェルが描くディスプレー
　（応用のヒント） ……………………………… 64
こころを寄せ合うバレンタイン ………………… 66
ハート形・バレンタイン・デコレ ……………… 69
バレンタインを楽しもう！ ……………………… 72
ハロウィーン・パーティー ……………………… 76
お化けかぼちゃのランプシェード ……………… 78
パン・デコレのX'masリース …………………… 81
アンティーク・リース　星に願いを …………… 84
クリスマスツリー ………………………………… 87
輝く星の下でサンタクロースと ………………… 90
桶スタイルのパン・バスケット ………………… 93
　　　　　★神戸屋レストラン　作品集 ……… 95

Step III
世界を目指す飾りパン …………… 96

パンのぬくもり …………………………………… 98
美しい日本（クープ・デュ・モンド2012作品）… 102

神戸屋レストランと飾りパンの歴史 …………… 112

神戸屋レストランが伝えたい
飾りパンの心

神戸屋レストラン　技術顧問
古川　明理

飾りパンは、どこから

　本来、食べるために作っているはずのパンの生地で、芸術的表現を試みる。こういった行為の発生を、紀元前何年などと年代や時代でくくることはとても難しいと思います。今日のような飾りパンは、パンと人間の営みの、気の遠くなるほど長い積み重ねの結果だからです。

　そして、どんな分野にも共通することですが、物作りという行為は芸術的感覚と、切っても切り離せないものです。つまりここに飾りパンが生まれた源があり、今日までの進化の原動力があったのではないかと思うのです。

　パンは、メソポタミアからヨーロッパへと広がったと言われています。その間に、人々はつぶして粥(かゆ)状にして食べていた小麦を粉にして平焼きにするようになり、さらには偶然に知った発酵という現象を経験的に習得して、ふっくらしたパンへと進化させました。その進化の中でゆとりが生まれると、人々はただ飢えをしのぐことに必死だった時代には思いつかなかったようなより良いもの、よりおいしいものを旺盛な好奇心で求めるようになりました。飾りパンも、そんなゆとりの中から自然発生的に生まれたのではないかと思います。

　例えば、ある日、パン生地に酵母を入れ忘れたとします。その生地は発酵しないので加工しやすく、手の中で遊んでいる間に麦やぶどうなどいろいろな形を作ってみようか、となり、それをパンと一緒に焼いてみた・・・。するとみんなが珍しがって集まり、だんだんまねする人が出てきて・・・。想像の域を出ませんが、ありえなくもない気がしています。

形や表情に意味を持ったパン

　歴史的にみると、パンは時代を経るに伴ってさまざまな形や表情を持つようになっています。日々の生活やその土地土地の宗教行事などと結び付いて発展してきたものもあると思います。例えば、編みパンです。編みパンは女性の髪を表現しているとされ、いけにえとして命をささげる代わりに編みパンをささげて儀式を執り行っていたようなのです。

　しかし、現代の飾りパンには、およそそのような意味合いを聞きません。

ギリシャの小麦パン
（オクタブロモス／八つ割り）

ローマ時代のパン

5世紀のパン

10世紀の象形パン

16世紀のパン

18世紀の小麦パン

おいしく食べる、みんなで楽しくいただく、そんな日々の平穏な暮らしの中でパンの上面に少し飾り付けをする「パン・デコレ Pain décorer（仏語：デコレーションしたパン）」が生まれ、さまざまな製パン技術が進化・発展する中で造形的な要素も加味した「パン・アーティスティック Pain artistique（芸術性を持つ飾りパン）」へとつながってきたと考えます。

<飾りパンの変化>　　　　　　　<生地の種類>

パンに表情（宗教的な意味など）を付ける　………　パン生地をそのまま使う
パンの形（例えば編みパン）に
意味を持たせる
↓
パンの上に装飾をのせる　　　　　　　………　酵母の入らない生地を使う
Part mort（パート・モルト）＝生命の無い生地　　（シャープな形が作れる）
　　　　　　　　　　　　　　　　　　　　　　（日持ちがする）
↓
パンで模様や絵を描く
板状の物に描く
↓
彫刻型（立体の物）から競技としての　………　焼いて固まる生地の技術が登場
飾りパンへ　　　　　　　　　　　　　　　　（シロップ生地　塩入り生地
　　　　　　　　　　　　　　　　　　　　　　　絞り生地　など）

ヨーロッパのパン屋さんと飾りパン

今では、欧米のそれと比べて遜色のないレベルになった日本の百貨店や大型ショッピングモールのウインドー・ディスプレー。そこに何もない状態をちょっと想像してみてください。街を歩いても、せっかく買い物に出向いても、どこか味気なく、街全体が無表情で夢も潤いも乏しく思えませんか。こういった店々のウインドーが、華やかで物作りの技術の高さや感性の素晴らしさで満たされていたら、私たちはどれほど心豊かにいられるでしょう。いえ、それだけでなく「いつかはぜひ、あの中に飾ってある物を買えるようになりたい」と夢を膨らませて幸せな気持ちになれるのではないでしょうか。

ヨーロッパの展示会で（1984年）

大型の象形パンのディスプレー（ヨーロッパ研修にて　1984年）

豊穣の印「ツノ＝horn」を模したディスプレー（ヨーロッパ研修にて　1984年）

パン食文化の長い歴史を持つ欧州では、それらをベッカライ（ドイツのパン屋さん）やブーランジュリー（フランスのパン屋さん）で見ることができます。ドイツでは、売り場の後ろ側の壁が斜めの棚になっていて、そこにいろいろな形や姿をした食事パンが並んでいます。お客様に、まず見た目で楽しんでもらい、気持ち良く買い物をしていただきたい。そこにある物は飾りパンでこそありませんが、これぞ飾りパンの精神の原点のように思います。売り場全体が飾りパンの感性で構成されているのです。

　同様に、パンではありませんが、パリで有名なフォションのお総菜のディスプレーを見ると、私はいつも歴史を経て成熟した食文化を感じます。翻ると、飾りパンの底流にもそれは当然流れているはずです。

　ドイツからフランスへ移動すると、パン屋さんのイメージはかなり変わります。パンをよりおいしく見せ、楽しく買っていただけるように商品の陳列に心を砕いているのは同じですが、フランスの場合、商品のパンだけでなく調度品まで含めてトータル・コーディネートされているお店が多いような気がします。

　ところでパリの有名なパンの老舗ポワラーヌの店頭ディスプレーは、素晴らしいものでした。2012年の春にはなぜか飾られていませんでしたが、1980年代に行った時には、大型カンパーニュの上にいろいろデコレーションされたパンが木製の棚にいくつか陳列されていました。これこそ、古き良き時代のパン・デコレではないかと思いました。きっと誕生日やパーティーの主役となったことでしょう。

パン職人と飾りパン

　フランスにはMOF（フランス最高職人）という呼称があります。それぞれの職業分野で最高峰の技術や技能を持つと認められた人々に国家が与える権威ある称号で、フランス大統領から直接メダルが授与されるという栄誉に浴します。また、一般国民からも高く評価され、信頼され、店や個人がさらに発展する後ろ盾にもなります。

　従って、この称号を得ることはフランスのパン職人（ブーランジェ）たちの目標の1つとなっていて、多くの人が挑戦します。しかし、その選

考は大変厳しく、2011年に開催された第24回までに、累計で75名の MOFが誕生しているにすぎません。

ところで、このパン部門の認定試験の課題の1つに「パン・デコレ」があります。MOFの規定に盛り込まれた「(ブーランジェの) 仕事の指標」には「…(前略)… 作り出したパンにデコレーションなどの技術を用いて付加価値を与えるための芸術的才能も持ち合わせていること。…(中略)…、新たな技術力、創造力を用いて製パンの伝統を後世に伝えることができること」と書かれており、予備選考、最終選考ともに通常のパン製品とは別に「伝統的な芸術作品 (ピエス)」も加えて評価される、というわけです。（以上、MOFについての資料提供：日仏商事株式会社）

同じように、ドイツのマイスターにも飾りパンのテストがあります。

パンも、ほかのさまざまな物と同じように、ただ形を作って焼けばいいという時代から、歴史を経ることで文化的な側面が発展してきたものと思われます。プロの職人には、その文化の担い手としての役割もある。この試験には、そんなことを考えさせられます。

もう1つ、昨今、世界各地で開催される食品見本市会場で頻繁にパンのコンテストが行われるようになってきたことはご存じの通りですが、フランス、ドイツ、イタリア、アメリカなど、開催国は違っても課題には必ず飾りパンが設定されています。このことからも、飾りパンの持つ意味合いがいかに重要視されているか、お分かりいただけるでしょう。

日々の暮らしと飾りパン

私が初めて海外のパン屋さんを見たのはヨーロッパでした。そこで見た商品の陳列や店の飾り付けからは、お客様の視線を意識して"より楽しく、気持ち良く"買っていただくというサービス精神とともにシェフの鍛えた技術力が読み取れ、その総合力がパンの品質の証となっているように感じました。たとえそこに飾りパンそのものがなくても、店舗全体の構成に飾りパンのような感性が息づいている店は、地域からも支持され、愛されているぬくもりや活気のようなものを感じたのです。

飾りパンは、生活の中でも見られます。ヨーロッパで時々見かける「シュープリーズ」というサンドイッチがその1つです。「シュープリーズ」と

花が咲いたようにデコレートされたシュープリーズのふた（飾りパン）

いうのは、大きく焼いたカンパーニュの中身をきれいにくりぬき、そのくりぬいたクラムで生ハムやフロマージュを挟んでシンプルなサンドイッチを作り、カンパーニュの中に戻し、ふたをしてお客様に届けるという商品です。ふたを開けた人をびっくりさせる、という意味で「シュープリーズ　surprise（仏語：驚かせるの意）」と名が付いたのでしょう。

　出会ったのは我々の研修先、南仏のブーランジュリーでした。そこでは、週末になるとシュープリーズの注文が入ります。ここで一緒に作られていたのが写真のような飾りパンでした。サンドイッチを入れた後のふたが、元のパンではなく、この飾りパンだったのです。フランスのパン屋さんはなんて粋なことをするんだろう、と感心したことを覚えています。パーティーやちょっとした集まりに、この心遣いはきっと花を添えたことと思います。

　ヨーロッパでは、デコレートされたカンパーニュやシュープリーズは日々の暮らしの1こまとして大切に受け継がれています。

日本で育つ飾りパン

　ところで、日本で「飾りパン」という言葉が市民権を得たのはいつごろでしょう。

　もともと、パンを欧米に倣ってきた日本ですから、最初は来日した製パン技術者がバゲットやカンパーニュといった商品を教えるついでのように紹介されたのでは、と想像します。そして、もう1つは、多くの人が海外旅行をするようになり、飾りパンに出合い、「こんな物があるのか。これは素晴らしい」と感動を持ち帰り、日本での再現にチャレンジしつつ広まっていったのではないかと思います。

　神戸屋レストランでは1980年代、関東に進出するのを機に、ドイツスタイルの売り場作りを考えました。それは、迫力ある陳列が食事パン専門店のコンセプトにピッタリだと思ったからです。対面販売のショーケースの後ろ棚には丁寧に作った大きめの食事パンを並べ、その上方には大きな籐かごに飾りパンの生地でミニパンを作って麦の穂と一緒に盛り込みました。本格的なフランス式のパン・デコレを知るまでは、こ

1980年代の神戸屋レストランでのディスプレー

の構成で次々とオープンする店舗を飾り付けました。

　まだ飾りパンの認識が広まっていない当時、お客様からは「あんなところにパン、置いてていいの？」とか、「あれは買えるの？」と聞かれたりしました。また、「写真を撮らせて」というお客様もいらっしゃいました。商品が売れてしまった棚でも、これら飾りパンがあると、どこかしらパン屋としてのぬくもりは失わないでいられたような気がします。

　日本でパンが食べられるようになったのは、江川太郎左衛門が初めて日本でパンを焼いて以来、かなり時を経た明治以降です。そして、本格的に食卓に上るようになったのは戦後です。その後、パン食は高度成長期に拡大し、急速に普及してきました。今では世界のパンが高品質で手に入るようになりました。しかし、パンを食文化という側面で見るとまだまだ学ぶべきところがあると言えるでしょう。パンを夕食に食べる比率が高まれば、変わってくると思います。

　飾りパンも、まだ発展段階です。1994年にフランスで開かれたパンのワールドカップに日本が初参加で飾りパンの部門優勝をして以来、少しは注目されるようになりました。けれど、それからまだ20年足らずです。

　日本の食文化は飽食の時代を経て、質の時代に入りました。パンも海外生活経験者の増加やヨーロッパのパン屋さんの日本進出にも刺激され、より高いレベルへ進化しようとしています。

　そんな中、飾りパンの必要性はますます存在意義を高めていくでしょう。多様化した消費者ニーズに対応した差別化を求める商いには、必要な存在だからです。

　ただ、飾りパンは見せる（魅せる）パンではありますが、「飾りパンづくり」は、いわゆる見せ物ではありません。パンを買いに来ていただいたお客様の心を少しでも楽しませたい、待っていただくお客様の心をちょっとでも和ませたい。そんなつくり手、売り手のパン屋から、買い手のお客様への感謝の思いが込められたものだと思います。「本物の美味しさを後世に伝える」、日本で育つ飾りパンの心は、そんな精神の中で育まれてきた気がします。

(談)

現代のディスプレー

1994年、フランス大会で、日本の飾りパンは部門優勝した

飾りパンを作る準備

道具

　ここでは、日常のパン作りに必要な設備（ミキサー、リバースシーター、オーブンなど）に加え、とりわけ「飾りパン」のために神戸屋レストランの技術者たちが使ってきた物、本書で使用した物を中心に紹介しています。

　道具は、作る目的や個人の使いやすさによって違うので、選択は自由です。なお、生地を切り抜く型紙は各作品のページで紹介しました。

生地を分割する

【切る】

●ペティナイフ、カッターナイフ、アートナイフ
細かい物、断面をきれいに仕上げたいとき。

●包丁
焼き上がった硬い生地を切る（パンナイフも使用可）。

●はさみ
先にアールがついている物は、小さい作品作りに向く。

●定規類
熱い生地にも使用するので金属製が便利。

●はかり・スケール

●ロールカッター（手作り）
等間隔に生地をたくさん切るときに便利。5連カッターよりシャープに切るために製作（p.67のひも生地に使用）。

【抜く】

●円形の抜き型・セルクル
大型、小型、それぞれ複数あると便利。オーブンに入れるときの台にも。

●さまざまな形の抜き型
目的に応じて使用（小型の花型はp.106の花）。

●しずく形の抜き型（大小）
同心円で花などを作るときに（p.106参照）。

●文字、数字の抜き型
抜く前に生地の上に並べて出来上がりを想像することも。

●さまざまな形の抜き型

●型紙
はさみで切りやすい硬さで、耐熱性のある紙またはアクリル板が適している。

生地を整える

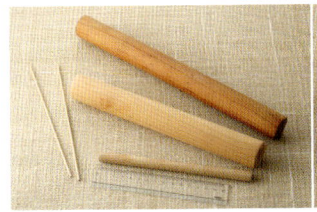

- **めん棒（大小）と竹串**
生地の厚さ調節と生地接着に使用。

- **ピケローラー**
生地に空気穴を開け、生地の火膨れやゆがみを防ぐ（p.64ほか）。

- **マジパンニッパー**
生地を押したり挟んだりして模様を付ける。さまざまな形や大きさがある（p.57ほか）。

- **ヤットコ**
小さいもの、熱いものをつまむとき。ビーズアクセサリー用具（p.48、89）。

- **はけ・筆**
卵、水、油を塗るのに使用。大小ある方が便利。

- **絞り袋（使い捨てタイプ）**
絞り生地、アイシング用。

- **ビニール袋（大小）・ビニールシート**
生地の一時保管、乾燥防止などに使用。

- **水**
霧吹きに入れて常備。乾燥防止、艶出し、粉のなじみのために使用。

焼成する

- **ベーキングシート**
天板への生地の付着防止。油が引けないときに（p.104）。

- **パンチング天板（自家製）**
穴開きアルミ素材を加工。曲面に仕上げるときに（p.74、104）。

- **パンチング天板**
穴開きアルミ素材。オーブン床と生地の密着を防ぐとき、曲面に仕上げるときに（p.106）。

- **離型油**
焼成前の型、天板に塗布。焼成後、生地と型が外れやすくするために

- **アルミホイル**
立体感を出すためや焼き色調整に使用。

- **アルミ製の棒**
竹作りの芯棒に（p.50）。

仕上げる、接着させる

- **卵（溶き卵）**
焼成前の生地の接着、また、焼成後の艶出し、色出しのため（詳細 p.21）。

- **還元パラチノース（パラチニット・三井製糖）**
鍋、銅鍋で溶かして使用。流動性があり、接着力は強い。高温となるのでやけどに注意。

- **接着剤（木工ボンド・ホットボンドなど）**
速乾性があり、扱いも手軽。

- **冷却スプレー**
接着剤を急いで固めるために、吹きかける。

- **のこぎり**
部位の形を整える。長さをそろえるのに使用（p.101）。

- **彫刻刀**
溝を掘る、接着面を平らにするときに使用（p.67、68ほか）。

生地作り

　飾りパンの生地には、パン酵母を使う生地と使わない生地があります。
　もともと食べるためのパンのアレンジから始まった伝統的な飾りパンは、つい最近までパン酵母入りの発酵生地が主流でした。しかし、作品が立体化したり複雑になったり、またコンテストでもその技術を競うようになるに従って、日持ちや強度、細かい作業性などが求められるようになり、生地も目的によってさまざまに工夫されるようになりました。
　ここでは、本書で使った5種類の生地を紹介しますが、基本はパン酵母の入らない、シロップで作る生地（p.13）です。まずはこの生地を十分使い慣れてから他の生地へと進むことをお勧めします。

前工程

シロップを作る　※全ての生地に使います。

● 配合

グラニュー糖	100g
水	58g

● 工程

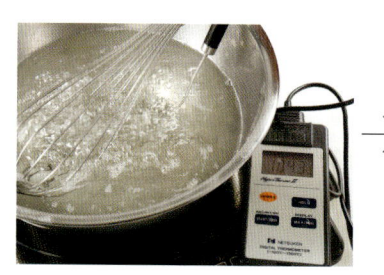

1. 材料を合わせ、溶かしながら温度を上げる。104℃まできっちり炊き上げること。
2. そのまま、室温まで下げる。

生地作りの注意点

★ 仕上げは作業台の上で

　生地を作るとき、粉とシロップがなじみ、表面が滑らかになるまで捏ねることがポイントです。硬さは「耳たぶ」程度を目安としてください。出来上がった生地は、ボウルから取り出し、作業台の上で使いやすいようにいくつかに分け、球形、四角、あるいはシーターに通して三つ折りにするなど、まとめておくとよいでしょう。
　生地の温度は25～30℃くらいの範囲です。生地をシーターに通し（またはめん棒で）、大きめの気泡を抜いておくと、きめ細かな作品になります。
　生地の保管は、ビニールに包み冷蔵庫で。室温に戻して使います。

シロップで作る生地
〈シロップ生地〉

〈特徴〉
1 飾りパンの基本となる生地です。
2 仕上がりの生地肌がきめ細かいので、細工作品に向きます。
3 この生地を基本として作り始め、慣れてきたら粉を変えたり、別の配合にチャレンジしたりするのが良いでしょう。
4 シロップ含量が多いため、大きな生地ほど焼成中に緩んでサイズが変わることがあります。
5 乾燥しやすい生地なので、ビニール袋に入れて保管するのが良いでしょう。
6 焼成して緩んだ生地は、冷蔵庫に入れればすぐ締めることができます。
7 シロップで作る生地は、これより先、「シロップ生地」と呼びます。

● 配合

強力粉（準強力粉でも可）	50%
ライ麦粉	50%
シロップ	77.5%

● 工程

1 粉とシロップをミキサーボウルに入れる。

2 低速5分程度が目安。必要に応じて低速2〜3分追加。

3 粉が見えなくなれば、止める。1つにまとまっていなくても良い。捏上温度は25〜30℃、硬さは耳たぶ程度が目安。

4 作業台に取り出して、手で1つにまとめる。ビニール袋に入れて保管。

塩入り生地
〈シロップ生地の応用〉

〈特徴〉
1 シロップ生地を基本としながらも塩を入れているので、別名「塩生地」と呼んでいます。
2 焼いた直後に大きく曲げられるのが特徴です。「焼成後に曲げられる」点で、多様性のある生地です。
3 焼くと膨張するため、細かい物には不向きです。
4 曲げた物も冷めれば固まってしまうため、大きな土台としても使えます。
5 生地肌はざらつき感があり、やや粗野な印象です。
6 塩入り生地は、これより先、「塩生地」と呼びます。

● 配合

強力粉(準強力粉でも可)	48%
ライ麦粉	52%
シロップ	76%
塩	13%
グラニュー糖	10%
油脂	8%

● 工程

1　粉、塩、砂糖、油脂、シロップをミキサーボウルに入れる。

2　低速5分程度が目安。必要に応じて2～3分追加。

3　粉が見えなくなれば、止める。1つにまとまっていなくても良い。捏上温度は25～30℃、硬さは耳たぶ程度が目安。

4　作業台に取り出して、手で1つにまとめる。

米粉生地
〈シロップ生地の応用〉

〈特徴〉
1 ベースはシロップ生地の応用です。
2 ライ麦粉の代わりに米粉を入れることで、生地を白く仕上げます。
3 色が白い生地は、それだけで美しさを出せると同時に、他の色も付けやすく、バラエティを生み出せます。
4 生地としてはのばしにくく成形・加工が難しく、また焼成すると生地に弾力が出て焼き縮みが起きるなど、扱いは難しい生地です。
5 乾燥しやすいのも特徴です。
6 米粉入り生地は、これより先、「米粉生地」と呼びます。

● 配合

強力粉（準強力粉でも可）	80%
米粉	20%
シロップ	80%

● 工程

1 粉とシロップをミキサーボウルに入れる。

2 低速5分程度が目安。必要に応じて2〜3分追加。

3 粉が見えなくなれば、止める。捏上温度は25〜30℃、硬さは耳たぶ程度が目安。

4 作業台に取り出して、手で1つにまとめる。

絞り生地
〈シロップ生地の応用〉

〈特徴〉
1 「米粉生地」をベースに、シロップの量を多くした生地です。
2 軟らかい生地なので、絞り袋に入れて使います。
3 焼成後はマカロンのような質感になります。
4 油分と接触すると溶けるので、使うときはベーキングシートを使用してください。
5 接触面が少ないときはつながりにくいため、同じ生地でつなぐなど工夫をしてください（p.104 参照）。

● 配合

強力粉（準強力粉でも可）… 80%
米粉 ……………………… 20%
シロップ ………………… 120%

● 工程

1 粉とシロップをミキサーボウルに入れる。

2 低速4分程度が目安。

3 滑らかになれば終了。捏上温度は 25〜30℃が目安。

発酵生地

〈特徴〉

1 飾りパン用の発酵生地(パン・ド・カンパーニュのような生地)です。
  油脂を使わない配合が主流ですが、ここでは使っています。
2 捏ね上げ後は、使うまで冷蔵庫に保管します。発酵が進むと、扱いにくくなるためです。
  塊のまま袋に入れて、または、リバースシーターにかけて、三つ折りにするのが良いでしょう。
3 薄く使うときは、冷えたままリバースシーターにかけます。その後の作業も速やかに焼成まで進んでください。
  ただし、厚みを出したいときは、発酵をとった後に焼成します。
4 飾りパン用の発酵生地を、これより先、「発酵生地」と呼びます。

● 配合

強力粉(準強力粉でも可)	40%
ライ麦粉	60%
塩	2%
油脂	2%
生イースト	0.8%
水	56%

● 工程

1 粉、塩、油脂をミキサーボウルに入れ、常温の水で溶かしたイーストを加える。

2 低速8分、中高速で3分程度が目安。

3 やや硬めの生地に捏ね上げる。捏上温度は25℃。

4 フロアタイム50分、分割、ベンチ30分、成形、ホイロ60分、粉を振って230℃のオーブンに入れるのが目安。蒸気をかけて普通に焼く。

シロップ生地の応用

生地に色を付ける 1

色粉を含めて粉100％とする方法
（1回の仕込みで、1色の生地を作る）

〈例1〉

シロップ生地の応用 　こげ茶色　茶色　黄色

● 配合

強力粉（準強力粉でも可）	42% ⎫
ライ麦粉	50% ⎬ 100%
ブラックココア（ココア）	8% ⎭
（パンプキンパウダーの場合は10％）	
シロップ	80%

〈例2〉

塩入り生地の応用 　茶色

● 配合

強力粉（準強力粉でも可）	42% ⎫
ライ麦粉	50% ⎬ 100%
ココア	8% ⎭
シロップ	82%
塩	18%
グラニュー糖	15%
油脂	8%

〈例3〉

米粉生地の応用 　茶色　黄色

● 配合

強力粉（準強力粉でも可）	60% ⎫
米粉	20% ⎬ 100%
ココア（パンプキンパウダー）	20% ⎭
シロップ	80%

〈例4〉

絞り生地の応用 　茶色　黄色

● 配合

強力粉（準強力粉でも可）	60% ⎫
米粉	20% ⎬ 100%
ココア（パンプキンパウダー）	20% ⎭
シロップ	120%

● 工程

1 粉（色粉を含む）とシロップをミキサーボウルに入れる。

2 低速5分程度が目安。必要に応じて低速2～3分追加。

3 粉が見えなくなれば、止める。1つにまとまっていなくてもよい。捏上温度は25～30℃、硬さは耳たぶ程度が目安。

4 作業台に取り出して、手で1つにまとめる。絞り生地の応用は、p.16の工程を参照。

[シロップ生地の応用]

生地に色を付ける 2

完成生地に、後から色粉とシロップを追加する方法（1回の仕込みで、2色以上の生地を作る）

●工程　※写真は米粉生地を使用

〈例1〉

シロップ生地の応用 [ピンク色]

● 配合

強力粉（準強力粉でも可）	50%	⎱100%
ライ麦粉	50%	⎰
シロップ	80%	

| ラズベリーパウダー | … 上記生地に対して10% |
| 追加シロップ | ……………………適量 |

〈例2〉

塩入り生地の応用 [ピンク色]

● 配合

強力粉（準強力粉でも可）	48%	⎱100%
ライ麦粉	52%	⎰
シロップ	76%	
塩	13%	
グラニュー糖	10%	
油脂	8%	

| ラズベリーパウダー | … 上記生地に対して10% |
| 追加シロップ | ……………………適量 |

〈例3〉

米粉生地の応用 [ピンク色]

● 配合

強力粉（準強力粉でも可）	80%	⎱100%
米粉	20%	⎰
シロップ	80%	

| ラズベリーパウダー | … 上記生地に対して10% |
| 追加シロップ | ……………………適量 |

※ 他の色の場合も、色粉は同様の比率で加えてください。

1 生地とラズベリーパウダーを用意する。

2 低速5分で回しながら、シロップを加える。

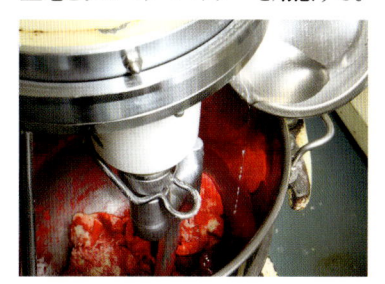

3 全体がなじんだら取り出し、手でまとめる。

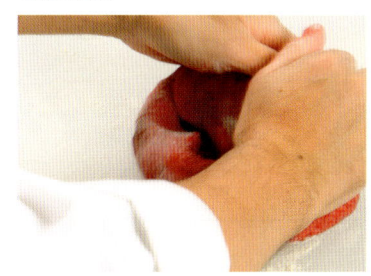

4 全体に艶が出るまで捏ねたら、1つにまとめる。

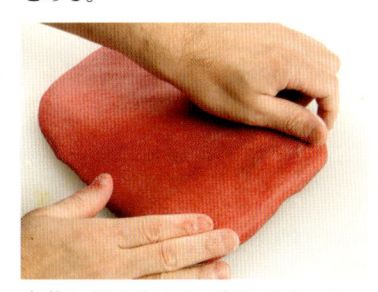

色粉の選び方

- ★茶色 … ココア
- ★こげ茶色 … ブラックココア
- ★黄色 … パンプキンパウダー
- ★緑色 … 抹茶パウダー
- ★ピンク色 … ラズベリーパウダー
- ★淡いピンク色 … ストロベリーパウダー

〈まとめ〉本書の飾りパンに使った技術のポイント

作るに当たってのポイントを、手順に沿って書いています。参考にしながら進めてください。

前準備

作る作品をイメージして、形を決めます

- 必要に応じて型紙や模型を作ります。
- 器具を確認し、道具類を準備します。
- ダンボールや粘土で試作品を作ってみるのも良いでしょう。
- 型は、加工しやすい網や金属板が役に立ちます。

生地仕込み

大きさや彩りなどを考えて生地を作ります

- シロップは作って冷ましておきます。
- 粉を選びます。
- p.13～19からレシピを選び、作成します。

◆ 粉選び

本書では、強力粉・ライ麦粉・米粉を中心に使いました。銘柄による差は、大型作品や競技作品を作る以外は「ない」と考えてください。米粉の生地は白いので、色を付ける場合に効果的です。慣れてきたら、粉の個性を考え、組み合わせや比率などいろいろ試してみてください。

形を作る

生地を必要な厚さにのばしたり、分割して形を作っていきます

- 生地を冷蔵や冷凍していた場合は、室温に戻しておきます。
- 文字を切り抜くときや細かい作業をするときは、冷凍庫で生地を締めておきます。
- 生地は乾燥しやすいので、ビニールで乾燥を防ぎながら作業をしてください。
- 端生地は集め、まとめて使ってください。リバースシーターを活用してシート状にしておくと良いです。

焼く

形を整えた生地は、天板などに移し、焼き固めていきます

- 焼く温度は、目的によって変わります。色を付けずに乾燥させるときは50℃ぐらい、火を通し、焼き色を付ける場合は180℃が目安です。目的によって変えてください。
- シロップ生地は、砂糖が冷えて再結晶することによって固まることを理解しておいてください。
- 厚めの生地は、一気に焼くと火膨れしやすいので出し入れしながら焼いてください。
- 薄めの生地は、アルミホイルなどをうまく使って、色が均一になるように焼きます。

卵の使い方

卵は、接着・艶出し・色付けなど、さまざまな目的で使います。色付けのとき、濃く仕上げたいときは、塗りと焼成を繰り返したり、卵黄を多めの比率にして使ったりして工夫してください。

卵を塗らず、そのまま焼くと表面が乾燥してザラついた感じになり、違った表情を出すことができます。

● 配合

全卵	60g
(グラニュー糖	2g)
(塩	0.5g)

※砂糖と塩は、より艶を出したいときに使います。

オーブンの使い方

- 乾燥目的のときは、裏返しの天板を敷くなどして、オーブンの中でも手前の方に置き、扉を開けて加熱します。
- コンベクションオーブンは、飾りパンに向いています。熱風で温度を伝えるので、均一に熱が伝わります。ただし、大型の物には使えません。

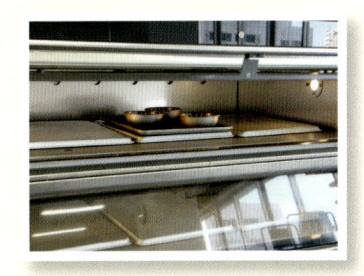

仕上げる

焼き上がった飾りパンは組み立てや貼り付けなどで、仕上げていきます

- 作業に移る前に、しっかり冷却してください。
- 組み立ては、作業を3段階ぐらいに分けて進めます。
  1. ベースになる部分
  2. 上に乗せたり、構造の中心になる部分
  3. 部分部分を飾るもの
- それぞれ組み立てを終了し、ある程度時間を置き、冷えて固まったことを確認して、全体のバランスを見ながら、最終の仕上げにかかります。

最後に…

飾りパンを作るには多くの労力と時間が必要です。だから、ただ作るだけでは時間をかけるだけもったいないと思います。

作り始めのころは、小さな作品の物まねから始めると良いと思います。難しく考えすぎると前へ進めません。ある程度慣れてきたら見ていただく人に喜んでいただいたり、「いいね！」と言ってもらえるものを目指してください。それが次の力にもなります。

そのためには、物作りの心を育てることが大切だと思います。自然に接する機会を増やしたり、絵画や彫刻や写真を見て回るのも良いでしょう、旅行で感じたものを記録したり・・・至るところにその機会はあると思います。

多くの人たちが、育ち始めた飾りパンに興味を持ち、作ることを始め、この世界が大きく発展することを願っています。（古川　明理）

Step I

今日から作れる
飾りパン

まず、ここから始めよう

　飾りパンはまったく初めて、という方のための入門の項です。
　前半は、パン酵母の入った生地(バターロール生地)で作る、飾りパンの基本「編みパン」を紹介しています。
　後半は、パン酵母の入らない生地で作る、飾りパンの伝統的なアイテムを中心に紹介しています。
　どれも設計図や難しい技術は要りません。生地扱いに慣れながら、飾りパン作りを楽しんでください。

編みパン〈2本編み〉

A 2本立体交差編み   **B** 2本立体平編み

用意するもの
● 材料
バターロール用生地……………………… 200g／個
卵 ………………………………………………… 適量

※編みパンの生地は、販売用、飾り用など用途によって選ぶ。ここではのびやすく、扱いやすい点から、バターロール用の生地を使用。

A 2本立体交差編み

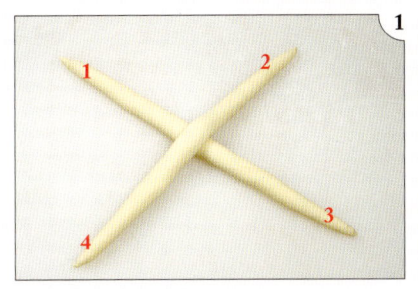

1. 生地を100gずつに分割し、それぞれ約40cmのひも状にのばす。先を細くし、写真のように対角線状に置く。

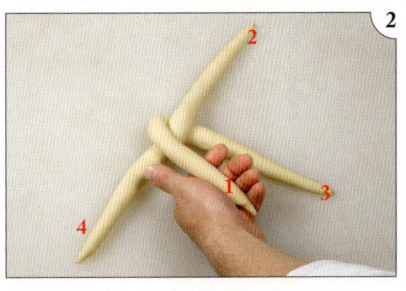

2. 左上の生地1を手前左下に来るように置く。

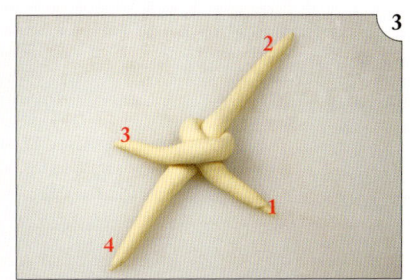

3. 右下の生地3を、左側に置く。

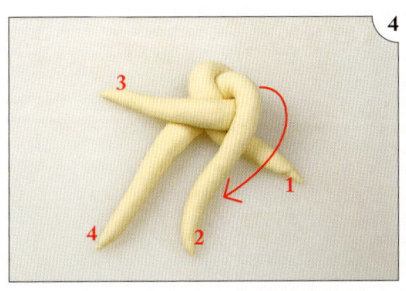

4. 右上の生地2を、1と4の間に来るように置く。

5. 4を持って、2と1の上を渡す。

6. 3を、1と2の間に下ろす。

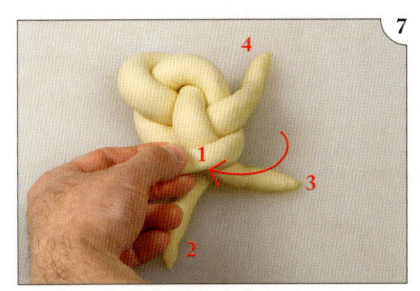

7. 1を持って3と2の上を渡す。

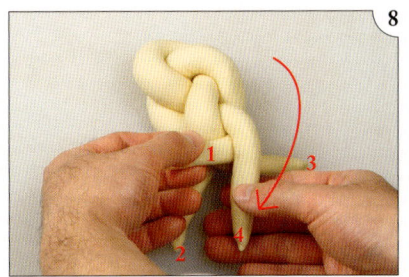

8. 4を、2と3の間に下ろす。

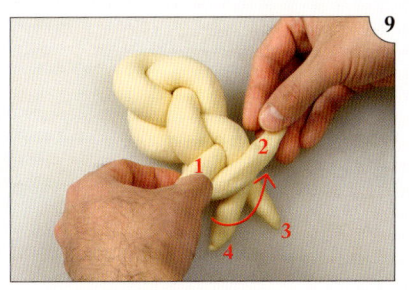

9. 2を持って4と3の上を渡す。

10. 1を、3と4の間に下ろす。

11. 3を持って1と4の上を渡す。

12. 2を、1と4の間に下ろす。これを繰り返し、生地の最後をくっつける。卵を塗り、30分ホイロをとり、再び卵を塗って200℃で25分焼成。

B　2本立体平編み

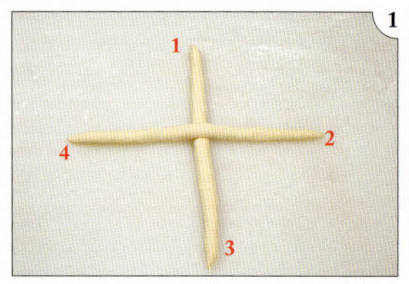

1 生地を100gずつに分割し、それぞれ約40cmのひも状にのばす。先を細くし、写真のように十文字に置く。

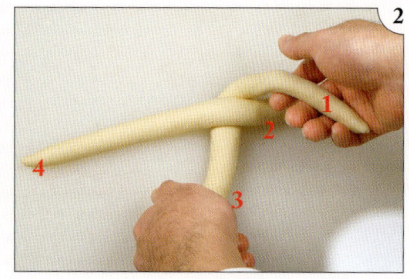

2 1と3を持ち、1を3の右側へ下ろす。

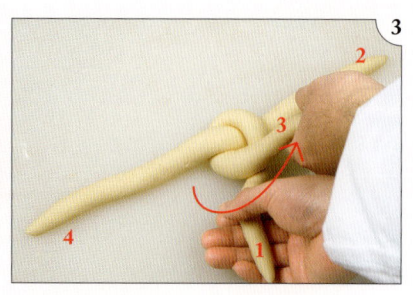

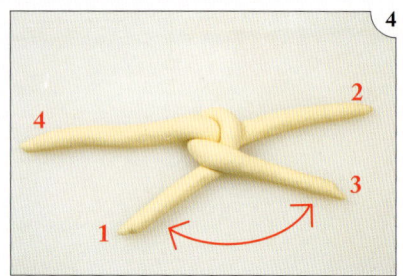

3 3を持ち上げる。

4 1を3の下に回して左に振り、3を右に振る。

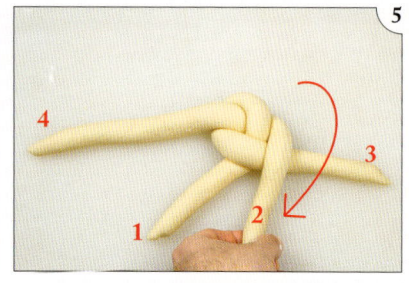

5 2を持ち、3の上を通って1と同じ方向に置く。

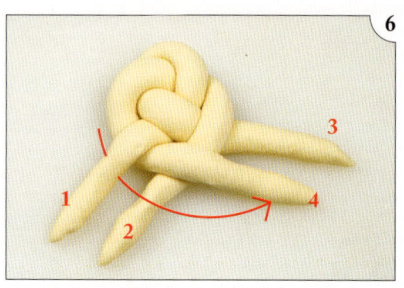

6 4を、1の下をくぐらせ、2の上を越して3と同じ方向に置く。

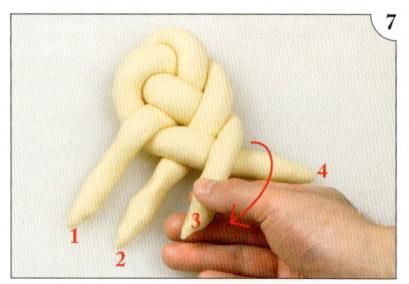

7 3を持って4の上を越し、2と同じ方向に置く。

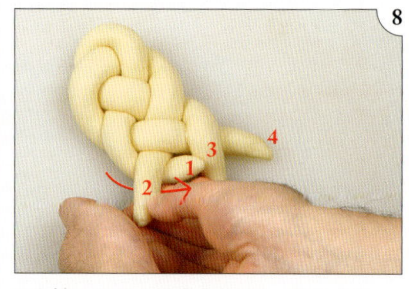

8 1を持って2の下をくぐらせ、3の上を越して4と同じ方向に置く。

9 7と8を繰り返し、生地の最後をくっつける。

10 卵を塗り、30分ホイロをとり、再び卵を塗る(11参照)。200℃で25分焼成。

11 卵は大きくはけで塗った後、筆で谷間まで丁寧に塗るときれいに仕上がる。

編みパン〈3本編み〉

3本平編み

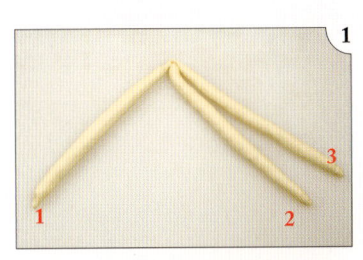

1 生地を3つに分割し、それぞれをひも状にのばす。先を細くし、3つの端をくっつける。写真のように1本と2本とに分けて置く。

2 端を片方の手で押さえ、3を1の内側に置く。

3 1を持ち上げ、3を越えて2の内側に置く。

4 2を持ち上げ、1の上を越えて3の内側に置く。

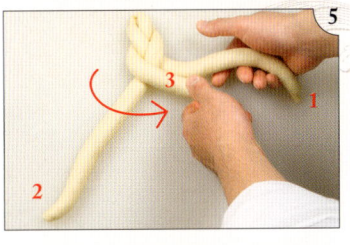

5 同様に、常に2本になった側の外側の生地を持ち上げ、反対側の生地の内側に置く。

6 5を繰り返して端まで編み、生地の最後をくっつける。卵を塗り、30分ホイロをとり、再び卵を塗って200℃で25分焼成。

用意するもの
● 材料
　バターロール用生地 ……………… 200〜250g／個
　卵 …………………………………………… 適量

編みパン〈4本編み〉

A 4本交差編み　　B 4本平編み　　C 4本スパイラル編み

用意するもの
● 材料
　バターロール用生地……………………250g／個
　卵…………………………………………適量

A 4本交差編み

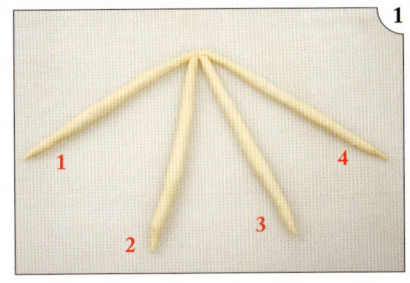

1. 生地を4つに分割し、それぞれをひも状にのばす。先を細くし、4つの端をくっつける。

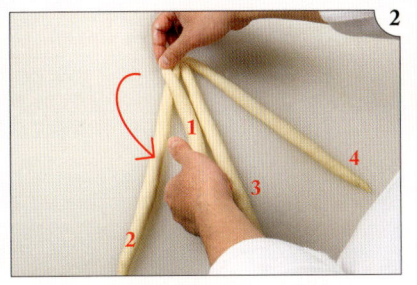

2. 端を片方の手で押さえ、1を持ち、2を越えて3の隣に置く。

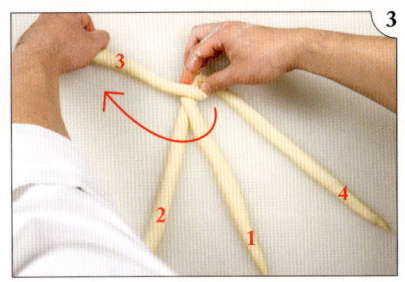

3. 3を持ち上げ、端の閉じ目を締めるようにしっかり上へ向ける。

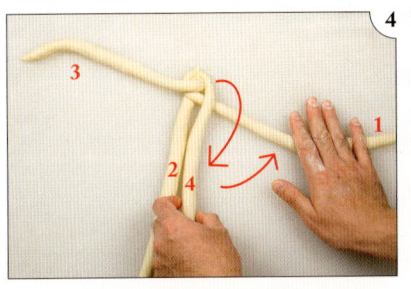

4. 3と1が直線になるように置き、4を持ち上げ、1の上を越えて2の隣に置く。

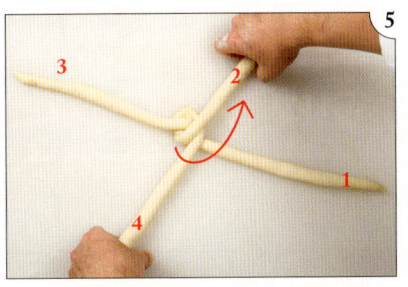

5. 2を持ち上げ、4と直線になるように置く。これで十文字の形になる。

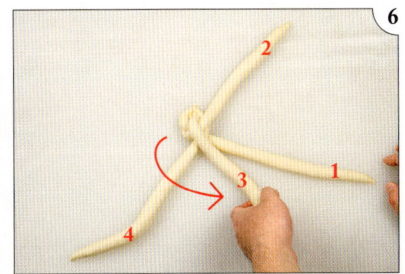

6. 3を1の隣に置く。

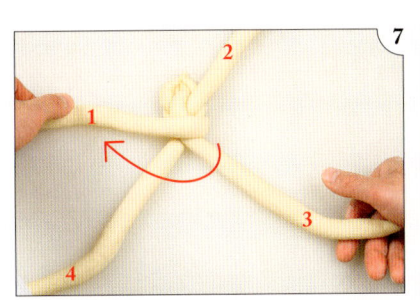

7. 1を持ち上げ、3と直線になるように反対側に置く。

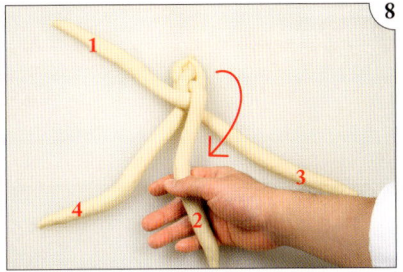

8. 2を4の隣に下ろす。

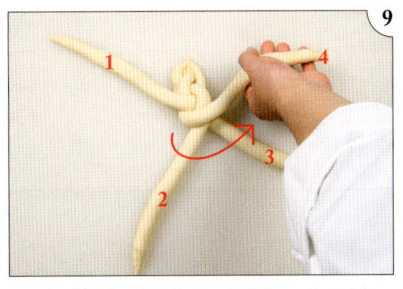

9. 4を反対側に上げて2と直線になるように置く。

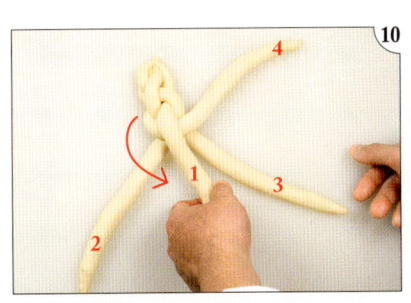

10. 1を3の隣に下ろす。

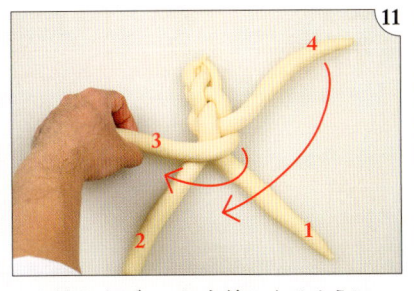

11. 3を持ち上げ、1と直線になるように反対側に置き、4を2の隣に下ろす。

12. 再び5からを繰り返して端まで編み、生地の最後をくっつける。卵を塗り、30分ホイロをとり、再び卵を塗って200℃で25分焼成。

B　4本平編み

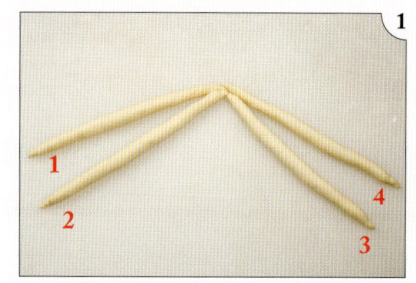

1 生地を4つに分割し、それぞれをひも状にのばす。先を細くし、4つの端をくっつけ、2本ずつに分ける。

2 一番外側の1本4を、反対側の2本の2の内側に置く。

3 2を持ち上げ、1をその下をくぐらせ、3の内側に置く。

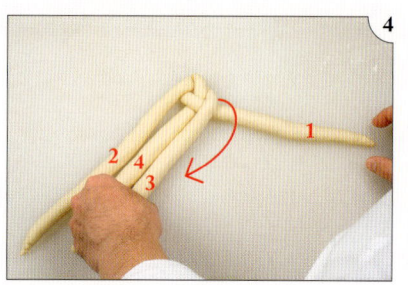

4 3を持って1の上を通し、4の内側に置く。

5 4を持ち上げ、2をその下をくぐらせ、3の上を越えて1と平行に置く。

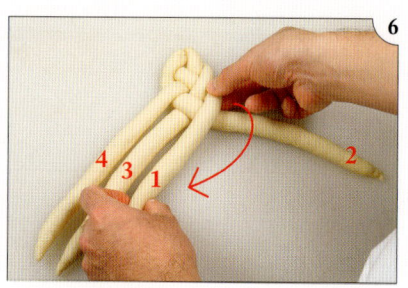

6 1を持ち上げて2の上を越え、3と平行に内側に置く。

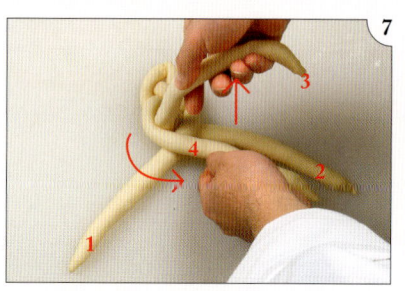

7 3を持ち上げ、4をその下にくぐらせ、1の上を越えて2と平行に置く。

8 6と7を繰り返して端まで編み、生地の最後をくっつける。卵を塗り、30分ホイロをとり、再び卵を塗って200℃で25分焼成。

C 4本スパイラル編み

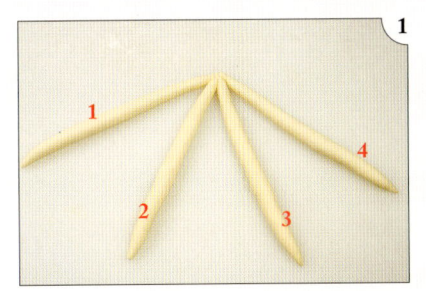

1 生地を4つに分割し、それぞれをひも状にのばす。先を細くし、4つの端をくっつける。

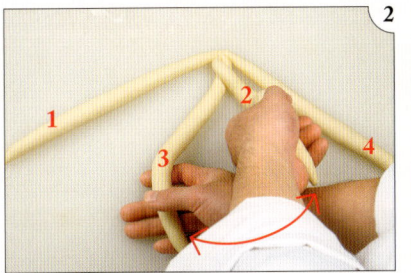

2 内側の生地2と3を両手で持ち、2が上になるように手を交差させる。

3 4を持ち上げ、1の内側に置く。

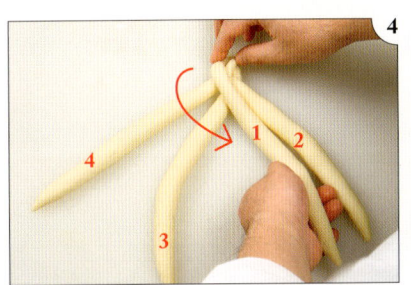

4 1を持ち上げ、4と3の上を越し、2の内側に置く。

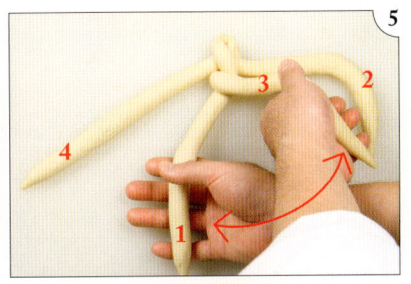

5 左手で3、右手で1を持ち、3を上にして交差させる。

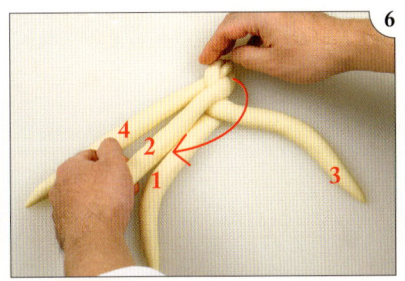

6 2を持ち上げ、3と1の上を越し、4の内側に置く。

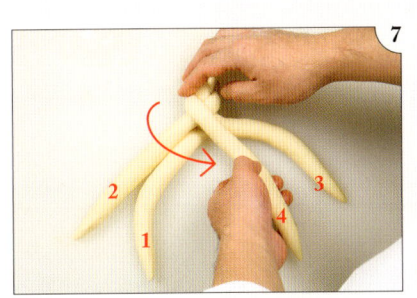

7 4を持ち上げて2と1の上を越え、3の内側に置く。

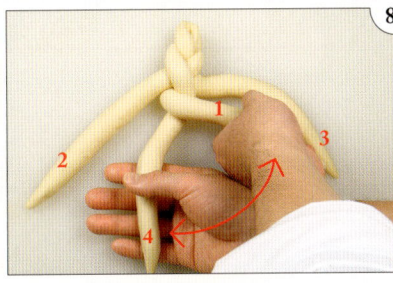

8 左手で1、右手で4を持ち、2、5と同様に左手の1が上になるよう交差させる。

9 右端の3を持ち上げ、1と4の上を越し、2の内側に置く。

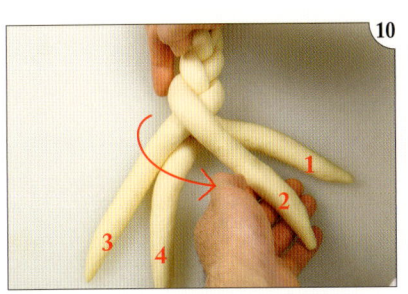

10 2を持ち上げて3と4の上を越し、1の内側に置く。

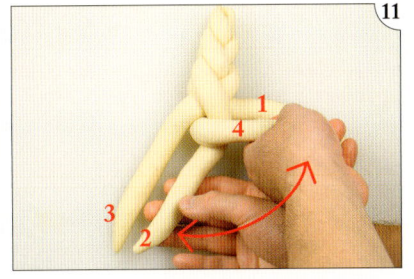

11 左手で4、右手で2を持ち、左手の4が上になるよう交差させる。その後右端の1を3の内側に置き、3を4の内側に置く。

12 これを繰り返して端まで編み、生地の最後をくっつける。卵を塗り、30分ホイロをとり、再び卵を塗って200℃で25分焼成。

編みパン〈5本編み〉

5本スパイラル編み

用意するもの
● 材料
　バターロール用生地……………………………250ｇ／個
　卵………………………………………………………適量

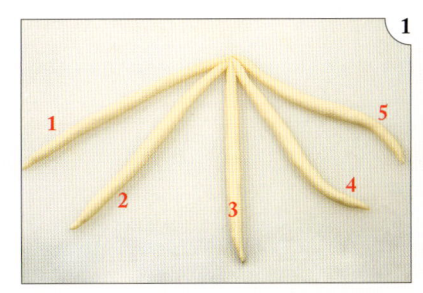

1	**2**	**3**
生地を5つに分割し、それぞれをひも状にのばす。先を細くし、5つの端をくっつける。	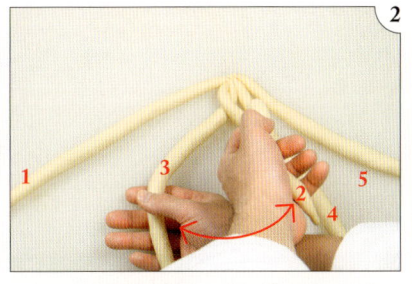 2と3を両手で持ち、2が上になるように手を交差させる。	5を持ち上げ、1の内側に置く。
 **4**	**5**	**6**
1を持ち上げ、2の内側に置く。	左手で3、右手で1を持ち、3を上にして交差させる。	4を持ち上げ、5の内側に置く。
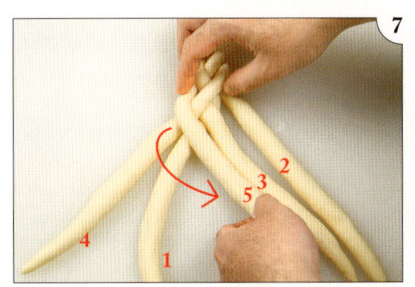 **7**	**8**	**9**
5を持ち上げて3の内側に置く。	左手で1、右手で5を持ち、左手の1が上になるよう交差させる。	右端の2を持ち上げ、3、1、5の上を越し、4の内側に置く。
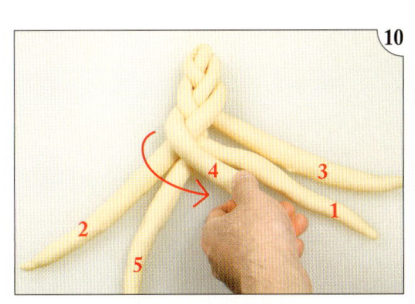 **10**	**11**	
4を持ち上げて2と5の上を越し、1の内側に置く。	交差（8）、右（9）、左（10）。これを繰り返して端まで編み、生地の最後をくっつける。卵を塗り、30分ホイロをとり、再び卵を塗って200℃で25分焼成。	

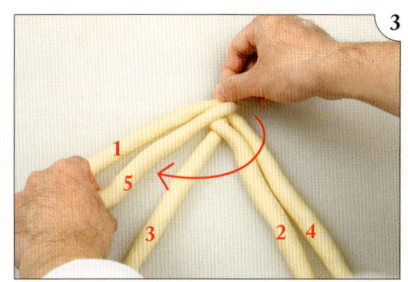

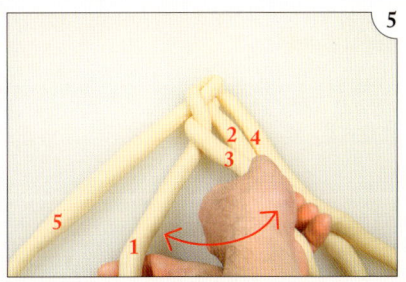

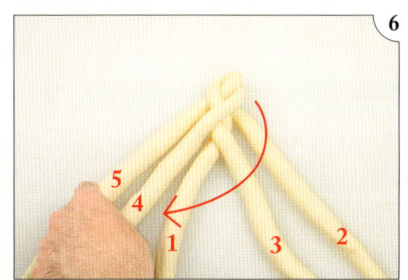

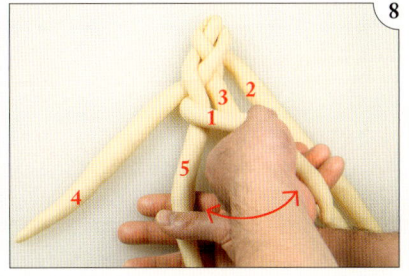

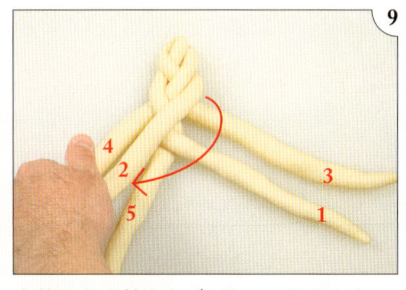

33

サインスタイル文字のパン

用意するもの
● 材料
シロップ生地（白）……………………………… 適量
シロップ生地（ココア）………………………… 適量
小麦粉 …………………………………………… 適宜

● 作業用
ナイフ、はさみ、水、ビニール袋、竹串

1. シロップ生地（白）をできる限り薄く（厚さ約1mm）のばす。仕上げたい形に、ナイフで自由に切る。

2. 生地をビニール袋に入れ、周囲を薄く押しつぶす（手またはめん棒を使用）。

3. ビニール袋を切り開いて取り除き、表面に水を塗る。

4. 竹串で、生地に文字を下書きする。

5. シロップ生地（ココア）を細長く切り、手でのばしてひも状にする。

6. 生地に水を吹きかけ、ひも状の生地を下書きに沿って置いていく。

7. 生地が長いときははさみで切り、切り口は指で形を整える。

8. 生地の端をとがらせたり、細太のめりはりを付けると表情が豊かになる。他にのせたいものがあれば、このときに置く。
※端を白く飾りたい（左写真上）ときは、茶こしで粉を振る。

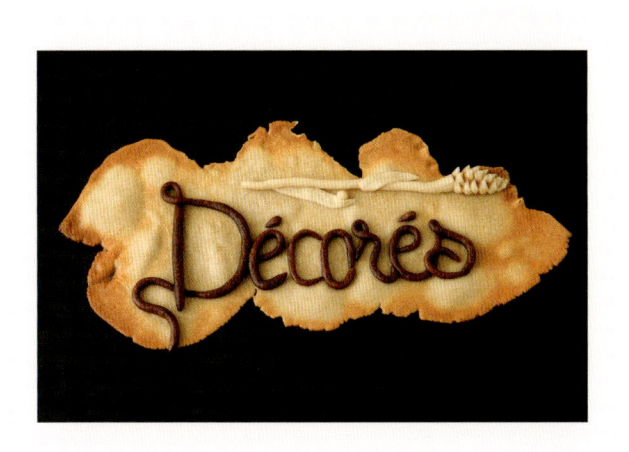

9. 上火165℃／下火180℃のオーブンで約10分、焼く。

抜き型文字

A 抜き型で作る文字

B 切り抜き生地で 立体的にする文字

C 〈応用編〉
　　抜き型文字を応用してプレートを作る

用意するもの
- 材料
    - シロップ生地（白）……………………………………適量
    - シロップ生地（ココア）………………………………適量
    - 卵………………………………………………………適量
- 作業用
    - ナイフ、文字の抜き型、文字の型紙、千筋めん棒、水

A

1 シロップ生地を厚さ4mmにのばす。

2 抜き型で生地を抜く。ナイフで周囲をきれいに整える。
※生地は冷凍庫に入れて少し締めておくと扱いやすい。

3 軽く焼く(上火170℃／下火170℃で約10分)。取り出して冷まし、卵を塗り、再び同条件で約15分焼く。

B

1 シロップ生地(白／ココア両方)を、厚さ4mmにのばす。
※文字に表情を付けたいときは、千筋めん棒で模様を付ける。

2 生地(白)に文字の型紙をのせ、ナイフで切り抜く。生地(ココア)は、(白)より一回り大きく切り抜く。
※同じ縁付き文字を2つプリントして、1つは縁の内側、もう1つは縁の外側で切って文字の型紙を作ると良い。

3 生地(ココア)に水を吹きかけて生地(白)文字をのせる。生地(白)で細いひもを作り、生地(ココア)の周囲に貼る。

4 そのまま軽く焼く(上火170℃／下火170℃で約15〜20分)。取り出して冷まし、卵を塗り、再び焼く(上火170℃／下火170℃で約15〜20分)。

C (応用編)

1 シロップ生地(白)と(ココア)を厚さ4mmにのばし、それぞれ好きな形に切る。
2 同じ抜き型で両方の生地から文字を抜き、交換してそれぞれの生地にはめ込む。
3 そのまま上火170℃／下火170℃で約10分焼き、一度取り出して冷めたら卵を塗る。再び同条件で10分焼き、冷まし、さらに20分ほど焼く。
※一気に焼くと生地が膨れやすい。

麦、麦の葉

A	B	C
はさみだけで 作る麦の穂 	はさみとナイフで 作る麦の穂 	1粒ずつ作る 麦の穂 

用意するもの（A,B,C ともに）
● 材料
シロップ生地（白）……………………………… 適量
卵 ………………………………………………… 適量

● 作業用
ナイフ、はさみ、水、離型油、アルミホイル、ヤットコ、ビニール袋

形を作る

A 〈はさみだけで穂を作る〉

1. シロップ生地（白）を転がしながら、頭部と茎の一体型を作る。頭部の先はとがらせる。 
2. 穂の先端を手前に置き、はさみで中央、右、左、中央、右、左と切り込みを入れていく。 
3. 水を吹きかける。

B 〈はさみとナイフで穂を作る〉

1. A-1と同じものを作る。穂の先端を手前側に置き、ナイフで縦に3本の切り込みを入れる。 
2. ナイフの切り込みが中央にくるように、はさみで中央、右、左、中央、右、左と切り込みを入れていく。 
3. 水を吹きかける。

C 〈1粒ずつ穂を作る〉

1. シロップ生地（白）をひも状にし（茎）、片方は自然に細くしていく。天板に置いて水を吹きかける。生地を細めのしずく形に作り、茎の先端の周辺に写真のような向きで付ける。 
2. 細長く丸めたアルミホイルに離型油をつけ、左右の穂にのせ、その上に再度しずく形の生地を同じ方向に置いていく。 
3. さらにアルミホイルをのせ、粒の先が左右に交互に開くように置いていく。水を吹きかける。

〈葉を作る〉

1 シロップ生地（白）をひも状にし、めん棒で平らにのばす。

2 上からビニールで覆い、2本の指で生地の周囲を押しつぶす。片方の先をとがらせ、葉先の形にする。

3 天板に麦を置く。隣に膨らみを持たせたアルミホイルを置き、油を吹きかけて2の生地を置く。葉の下部に水を吹きかけ、麦の茎に付ける。

焼成する

1 上火160℃／下火160℃に設定したオーブンの扉を開けたまま、約40〜50分、乾燥焼きにする。

2 取り出して完全に冷まし、卵を塗る。

3 [A][B]は手で持ち上げて全体に丁寧に塗る。

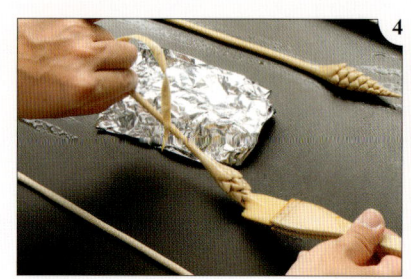

4 はさみで切り込んだところも丁寧に塗る。

5 [C]はアルミホイルを抜き取って、卵を塗る。

6 はけで行き届かないところは、筆で丁寧に塗る。

7 上火180℃／下火180℃のオーブンで、約10分焼く。

8 茎の色が変わってきたら、茎の部分だけアルミホイルで覆いをして、穂に色が付くまで焼き上げる。

ぶどう、ぶどうの葉

用意するもの
● 材料
　シロップ生地（白） ……………………… 適量
　卵 ……………………………………………… 適量
● 作業用
　ナイフ、はさみ、水、離型油、アルミホイル、ビニール袋

41

〈実を作る〉

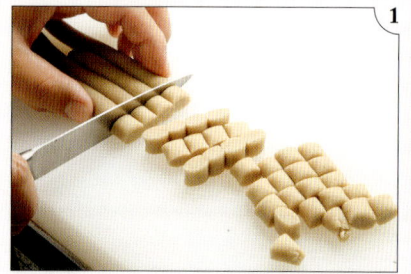

1 シロップ生地（白）を均一の太さのひも状にのばし、同じ大きさに切る。ボール状に丸める。

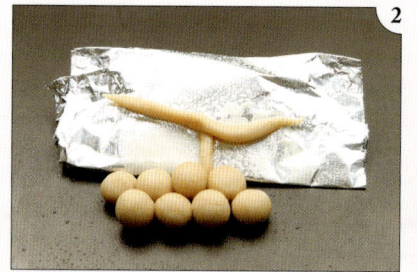

2 天板にアルミホイルを置き、油を吹きかける。ヘタと枝になる部分を作り、その上に置く。ぶどうは天板に直接置く。

3 ぶどうの粒は、生地と生地がしっかり接着するように置いていく。

4 2段目は、下段の粒と粒の間にのせるように置いていく。

5 3段目も同様に置いていく。

6 ごく細いひも状の生地（つる）を作り、ぶどうの上に置く。水を吹きかける。しばらくすると、水が全体に回ってくっつく。

7 この状態で、上火160℃／下火160℃に設定したオーブンに入れ、約30分焼く。

8 オーブンから取り出し、完全に冷めたら卵を塗る。

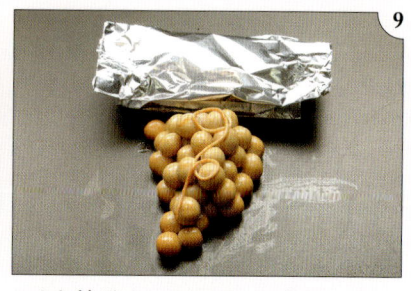

9 ヘタと枝だけアルミホイルで包み、上火180℃／下火180℃のオーブンで約5分焼く。

〈葉を作る〉

1. シロップ生地（白）を厚さ2mmにのばし、型紙に沿って切る。

2. ビニールで覆い、生地の周囲を押しつぶす。

3. ナイフで葉脈の模様に、切り目を入れる。

4. 茎を作り、裏から貼り付ける。

5. アルミホイルで曲面を作り、油を吹きかけ、4の生地を表にして置く。

6. 上火160℃／下火160℃に設定したオーブンに入れ、約30分焼く。

7. オーブンから取り出し、完全に冷めたら卵を塗る。

8. 上火180℃／下火180℃のオーブンで約10分焼く。

9. オーブンから取り出し、完全に冷めたら葉の周辺だけ卵を塗る。

10. 再び上火180℃／下火180℃のオーブンに入れ、葉の周囲に色が出たら取り出す。
※ぶどうの実にも、9、10の工程を施すことで、粒ごとの色合いが変えられる。

バラ

用意するもの

● 材料
　シロップ生地（白）……………………… 適量
　卵 ………………………………………… 適量

● 作業用
　円形の抜き型（大：直径5cm、小：直径4cm）、葉形の抜き型、水、ビニール袋、離型油、アルミホイル

〈花を作る〉

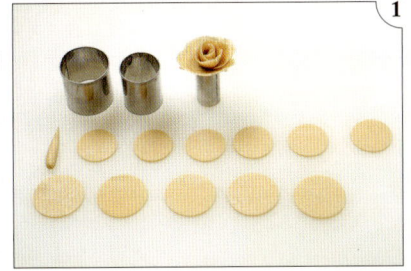

1. シロップ生地（白）を薄くのばす。円形の抜き型で、バラ1個当たり、大小合わせて10枚より少し多めの枚数を抜く（小さい方を多く）。

2. 小さい方の生地1枚を丸めて、芯にする。

3. 残りの生地をビニール袋に入れて、生地の周囲を押しつぶす。

4. 小さい方の花びらを、少しずつずらしながら巻いていく。足元をしっかりくっつける。

5. 大きい方の花びらは、中央を少しつまんでから、4に巻いていく。
※途中、生地が乾きそうならビニールをかけるか、水を吹きかける。

6. 全部付け終わったら、足元を適当な長さで切る。

〈葉を作る〉

7. 抜き型などに立て、そのまま半日から1日以上室温に放置し、乾燥させる。

8. しっかり乾燥させたものに卵を塗る。花びらの表裏を丁寧に塗る。上火120℃／下火120℃に設定したオーブンに入れ、扉を開けたまま、約60分焼く。

1. シロップ生地（白）を厚さ2mmにのばし、葉形の型で抜いたものをビニール袋に入れ、生地の周囲を押しつぶす。

2. ナイフで葉脈の模様に、切り目を入れる。

3. アルミホイルで曲面を作り、油を吹きかけ、2を置く。上火160℃／下火160℃に設定したオーブンに入れ、約30分焼く。

4. オーブンから取り出し、完全に冷めたら卵を塗り、上火180℃／下火180℃のオーブンで10分焼く。

ひまわり

用意するもの
- 材料
  - シロップ生地（白）……………………………… 適量
  - シロップ生地（ブラックココア）……………… 適量
  - 卵 ………………………………………………… 適量

- 作業用
  - 花びら形の抜き型、円形の抜き型3種、葉形の抜き型、竹串、ナイフ、水、ビニール袋、アルミホイル、ボウル（テフロン加工）、離型油、はさみかヤットコ

〈花を作る〉

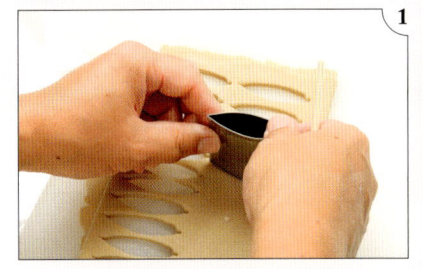

1. シロップ生地（白）を薄くのばし、花びら形の抜き型でひまわり1個当たり40枚程度（予備も含め）を抜く。円形の抜き型で円形のもの1つ、リング状のもの2つを抜く。

2. ビニール袋に入れて、抜いた生地の周囲を薄くつぶす。

3. 袋から出し、ナイフで筋目を入れる。

4. ボウルの内面に、それぞれが均一の角度になるよう貼り付け、水を吹きかける。
※テフロン加工のボウルでない場合は、油を塗っておく。

5. 4を上火160℃／下火160℃のオーブンに入れ、扉を開けたまま30分、乾燥焼きにする。

6. あまり色は付けないように、乾燥させる感じで焼く。

7. さらにオーブンの扉を閉じて10分焼き、取り出す。

8. 円形の生地に卵を塗り、花びらを1枚ずつ貼り付ける。

9. リング状の生地を、卵で中心部に貼り付ける。

10. アルミホイルを細く丸めて輪にし、1段目の花びらの上に置く。9のリング状の生地の上に卵を塗り、2段目の花びらを貼り付ける。

11. さらに別のリング状の生地を卵で貼り付ける。

12. シロップ生地（ブラックココア）で中心部にふくらみのある芯を作って卵で貼る。竹串で模様を付ける。

13 穴が深すぎると、この後に塗る卵がたまるので注意する。

14 再び4のボウルに入れて焼く。

15 上火160℃／下火160℃のオーブンに入れ、約20分焼く。

16 一度取り出し、完全に冷めてから卵を塗る。

17 再度ボウルに入れ、上火180℃／下火180℃で10分焼く。

18 程よい色が付いたら取り出す。

〈葉を作る〉

1 シロップ生地（白）を厚さ2mmにのばし、葉形の抜き型で抜いたものをビニール袋に入れ、生地の周囲を薄くつぶす。

19 ヤットコかはさみで、アルミホイルを切り外す。

2 ナイフで葉脈の模様に、切り目を入れる。

3 アルミホイルで曲面を作り、離型油を吹きかけ、2の生地を置く。

4 上火160℃／下火160℃に設定したオーブンに入れ、約30分焼く。オーブンから取り出し、完全に冷めたら卵を塗り、上火180℃／下火180℃に上げて約10分焼く。

竹

用意するもの
- 材料
  - シロップ生地（白）……………………………… 適量
  - 卵 ……………………………………………… 適量
- 作業用
  - めん棒、アルミの棒（直径5mm）、ナイフ、離型油

1 シロップ生地（白）を厚さ3mmにのばし、3cm幅に切る。	**2** めん棒で、生地の長い辺の端を均等につぶして薄くする。	**3** つぶすのは、片方の辺だけで良い。
4 3の薄くした部分に卵を塗り、アルミの芯棒に巻き付ける。	**5** このとき、隙間ができないようにきつく巻き付かせないと、焼くときに生地が垂れやすい。	**6** 全体が均等な太さになるよう、生地をなじませる。 ※生地に厚い部分があると、焼いている途中に重みで垂れてくる。
7 節を作りたいところにナイフで切れ目を入れる。	**8** 生地を、切れ目の左右から中央に向かって寄せる。	**9** 節の形にする。
10 節の溝に卵を塗る。表面全体にも塗る。少し乾いたら、さらに全体に二度塗りをする。	**11** 上火160℃／下火160℃のオーブンに天板を敷き、抜き型などで左右に支え台を作り、アルミ棒をのせる。扉は閉めて約10分焼く。途中、ときどき棒を回転させる。 ※生地が焼き膨れているようなら、軍手をした手で全体を押さえてやる。	**12** オーブンを上火180℃／下火180℃に上げて、30分焼く。芯棒は熱いうちに抜き取る。

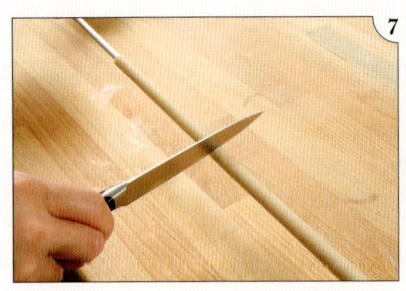

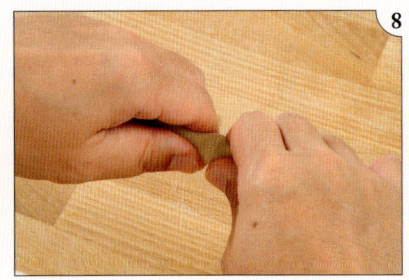

パンを飾った小箱

用意するもの
● 材料
シロップ生地（白）……………………………………適量
シロップ生地（ココア）………………………………適量
卵………………………………………………………適量
麦（ドライフラワー）…………………………………適量
両面テープ……………………………………………適量
段ボール紙……………………………………………1枚
飾り用のミニパン…………………………p.53、54 参照
● 作業用
ナイフ、ホットボンド、金属製定規、ピケローラー

1. シロップ生地（白）を厚さ6mmにのばし、箱の表面用（A）に1枚、左右の側面用（B）に2枚の長方形（AB共に下敷き用）を切り取る（8参照）。次に白と黒の生地を厚さ1.5mmにのばし、1.5cm角の正方形を作る。貼り付け模様に使う。黒生地を厚さ6mmにのばし、背面用（C）に2枚、側面用（D）に2枚、棚板用（E）に1枚、中の仕切用（F）に2枚の長方形を切り取る（8参照）。それぞれピケローラーで空気穴を開けておく。

2. シロップ生地（白）の表面用、側面用の下敷き生地に水を吹きかけ、正方形の白と黒の生地を写真のように貼っていく。

3. 丁寧に貼る。

4. 下敷きの生地からはみ出した生地は、ナイフで切れ目を入れて垂直に下に折る。

5. さらに下敷きの生地の厚さ分のところでナイフを入れ、余り生地を切り離す。

6. 小さな三角生地が残る。

7. 下敷き生地の厚み部分にも、白と黒の生地を（白）（ココア）ともにきれいに貼り込む。

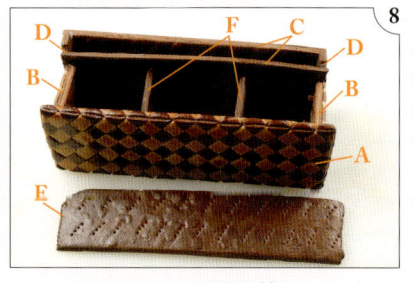

8. それぞれのパーツに卵を塗り、上火170℃／下火170℃のオーブンで40分焼く。冷めたらホットボンドで写真のように貼り合わせる。

9. 棚板を、上にのせる。

10. 両面テープを、段ボール紙に貼る。麦を好きな高さに貼って、足元を切りそろえる。

11. 後ろ側の空間に麦を差し込み、完成。

［応用］飾りミニパンのアレンジ集

・けしの実は、パン生地に卵を塗って付ける。
・粉は、湿った布にパン生地を付けて、少し湿らせてから付ける。
・上記以外のパンの表面には、全品、卵を塗って焼く。

1 シロップ生地（白）を中央部分が太くなるようにひも状にのばす。左右から寄せて2回ひねり、プレッツェル形にする。

2 シロップ生地（ココア）を船形に成形し、はさみでジグザグに切り目を入れる。表面にけしの実を付ける。

3 シロップ生地（ココア）を船形に成形し、細いひも状にしたシロップ生地（白）を巻く。小さい球状の生地を3つ、付ける。

4 シロップ生地（ココア）を棒状にし、けしの実を付け、全体の2/3をはさみでエピ状にカットする。

5 シロップ生地（白）を球状に成形して軽く上下をつぶし、けしの実を付け、側面から斜めに切り込みを入れる。

6 シロップ生地（白）を三角形に成形し、けしの実を付ける。

7 シロップ生地（白）を球状にし、そのまま焼く。

8 シロップ生地（白）を棒状にのばし、粉を付け、左右の側面からはさみで切り込みを入れる。

9 シロップ生地（白）をまとめ、三角形にし、切り込みを入れ、小さく丸めた生地を付ける。

10 シロップ生地（ココア）を棒状にして1本編みにする。表面にけしの実を付ける。

11 シロップ生地（ココア）から3本の棒状を作り、三つ編みにする。表面にけしの実（黒）を付ける。

12 シロップ生地（白）から3本の棒状を作り、両端を細くする。三つ編みにし、粉を付ける。

13 シロップ生地（白）をクロワッサン形に成形する。	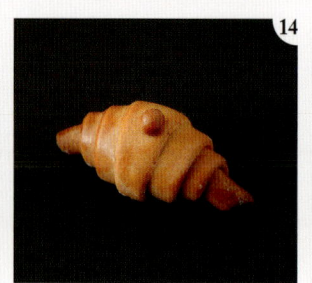 **14** シロップ生地（白）をクロワッサン形に成形し、小さく丸めた生地をのせる。
 **15** シロップ生地（白）をクロワッサン形に成形し、粉を付ける。	 **16** シロップ生地（白）をクロワッサン形に成形し、表面の半分に白ごまを付ける。
 **17** シロップ生地（白）で球形を作り、上面からはさみで切り込みを入れながら円を描く。	 **18** シロップ生地（白）を細くのばしてリング状にし、周囲にはさみを入れる。
 **19** シロップ生地（ココア）を細長くのばして渦巻き状に成形し、けしの実を付ける。	 **20** シロップ生地（白）を細くのばしてリング状にし、しずく形に抜いたシロップ生地（白）をのせる。
 **21** シロップ生地（白）を船形に成形し、ナイフで切り込みを入れる。	 **22** シロップ生地（白）でずんぐりした船形を作る。別に葉形に抜いた生地を用意し、模様を入れてのせる。
 **23** シロップ生地（白）をずんぐりとした三角形に成形し、側面にけしの実を付ける。表面を3か所、カットする。	 **24** シロップ生地（ココア）を船形に成形し、細いひも状にしたシロップ生地（白）を3本貼り付ける。

55

ウエルカムボード

用意するもの

● 材料

シロップ生地（白）	適量
シロップ生地（ココア）	適量
卵	適量
けしの実	適量
コーングリッツ	適量
スタンド（写真はシロップ生地で製作）	1台
ネームプレート（写真はp.36のものを使用）	

● 作業用

ナイフ、金属製定規、葉形の抜き型、文字の抜き型、円形の抜き型、マジパンニッパー、アルミホイル、離型油、水、ホットボンド

色の調和を考えて埋め込む。

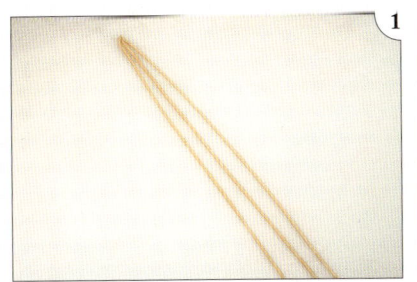

1. シロップ生地（白）と（ココア）で、細く長いひも状の生地を3本ずつ作る。

2. 三つ編みを作る。写真の他にココア生地でも作る。

3. シロップ生地（白）を厚さ1cmにのばし、目指す形より大きめのサイズに切り、空気穴を開けて卵を塗り、上火170℃／下火170℃で約15分焼成。正しい形に切り直し、さらに20分焼く。

4. 周囲にシロップ生地（白）の三つ編み、内側に（ココア）の三つ編みなど、2色を使って好みの模様にする。帯状の生地（白）は、片方の縁をマジパンニッパーでつまんで模様を付ける。

5. 下の縁取りにもシロップ生地（白）を貼り、大きめのマジパンニッパーで模様を付ける。

6. シロップ生地（白）と（ココア）の残りから、直径1cmの丸形を抜き、台生地に貼る。卵を塗って、上火170℃／下火170℃で約40分、好みの色まで焼く。

7. シロップ生地（白）を薄くのばし、好みの葉形や文字形などを抜く。好みの花も作る。必要に応じて水を吹きかけ、けしの実やコーングリッツなどを付けて、それぞれ焼成（p.43参照）。残り生地を小さく丸めて一緒に焼き、パーツを貼り付けるときの台にする。

8. 台パーツをホットボンドで貼り、好みのプレートやパーツをその上に貼っていく。

9. 仕上がりの色の濃淡を考え、パーツ、台はそれぞれ随時、焼き時間を調整する。

10. 花を貼ると、表情が華やかに、柔らかくなる。

文字、パーツを立体的に見せるため、それぞれのパーツは台パーツを敷いて浮き立たせる。

58

the Gallery

神戸屋レストラン
作品集

Step II

プロの技術で作る飾りパン

1年のわくわくを演出しよう

　飾りパンの基本「シロップ生地」の扱いに慣れたら、季節感を演出しませんか。
　この項で使っている生地は「シロップ生地」と「米粉生地」だけ。シロップ生地は、厚くして温かみ、薄くして繊細さが演出できます。これに色のバリエーションが広がる米粉生地も加われば、飾りパンの可能性はいっそう広がり、見る人をきっと感動させることでしょう。この項は、そんなヒントにあふれています。
　回数を重ねるほどに、失敗も増えるかもしれません。けれど「失敗するほど自分流が確立できるんです」とは、神戸屋レストラン技術者からのメッセージです。

プレッツェル形 新年飾り
(ニュー・イヤー・パン・デコレ)

用意するもの

● 材料
- シロップ生地（白） ………………………… 適量
- 卵 …………………………………………… 適量
- 飾り（ドライフラワー、ひもなど） ………… 適宜
- スタンド（写真はシロップ生地（ココア）で製作） …… 1台
- 背板（写真はシロップ生地（ココア）で製作、木板でも可） …………………………… 1枚
  ※作り方は p.64 参照

● 作業用
ナイフ、金属製定規、離型油、水

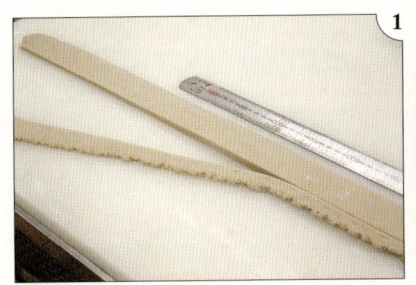

1 シロップ生地（白）を厚さ6mmにのばして幅4〜5cm、長さ約1.5mの帯状に切る。中央部はやや太く、左右は細く整えると、美しくできる。

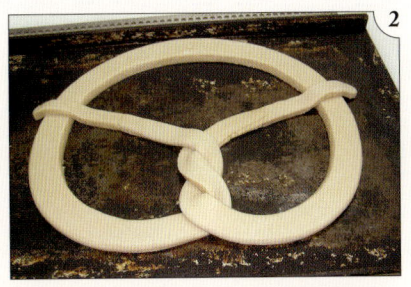

2 生地の中央に印をし、左右の端を持って中央で2回交差させ、写真のようにプレッツェル形を整える。天板に油を塗り、のせる。

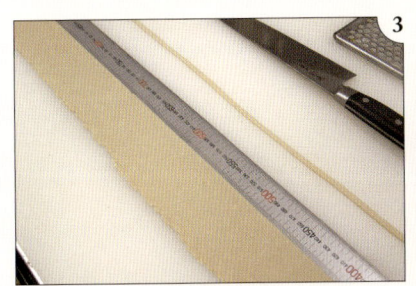

3 1の生地をさらに厚さ2mmまでのばし、幅3〜4mmに切り取る。

4 2の生地に水を吹きかけ、縁に3の生地を貼り込んでいく。

5 重なり部分は少し下にもぐり込ませ、縁取りも続いているように見せる。

6 卵を塗り、上火165℃／下火180℃のオーブンで10分焼成、10分冷却、20分焼成を目安に、好みの焼き色に仕上げる。

〈応 用〉

飾りを変えて。また糸をかけてつるすこともできる。

編みパンとプレッツェルが描くディスプレー
(応用のヒント)

用意するもの
● 材料
シロップ生地（白）……………………………… 適量
卵 ……………………………………………… 適量
飾り（写真の花は発酵生地で製作、p.106 参照）… 適宜
スタンド（写真はシロップ生地で製作）………… 1台
背板（写真はシロップ生地で製作、
　発泡スチロールでも可）…………………… 1枚
● 作業用
ナイフ、金属製定規、離型油、水、ホットボンド

背板
シロップ生地（白）を厚さ4mmにのばし、穴を開け、卵を塗らずに焼成。

1. シロップ生地（白）を厚さ3mmにのばし、棒状に巻く。転がしながら、中央部はやや太く、左右をやや細くのばしていく。

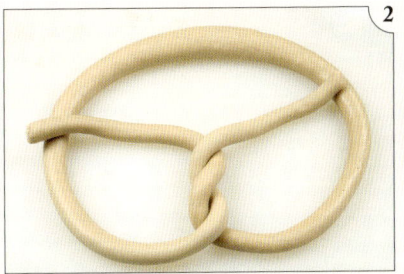

2. 生地の中央に印をし、左右の端を持って中央で2回交差させ、プレッツェル形に整える。

3. 写真のように生地の端の重なり部分を持って天板に移し、形を整え、卵を塗る。上火165℃／下火180℃で10分焼成、10分冷却、10分焼成、10分冷却、20分焼成を目安に仕上げる。

4. シロップ生地（白）を厚さ4mmにのばし、縦に幅8mmの切り目を入れる（手前1cmほど端を残す）。横に差し込むための生地も同様にのばし、幅8mmに切り離しておく。生地（ひも）の長さは、目指す仕上がりサイズより20～25％、長めにとる。

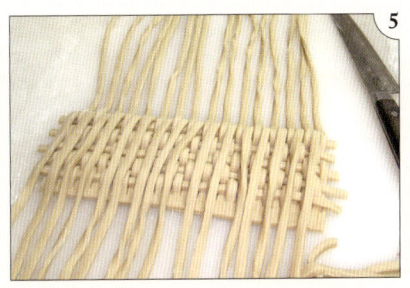

5. 縦ひもを、1本おきに反対側に広げ、横ひもを渡す。次に縦ひもの上下を交代させ、再び横ひもを置く。これを繰り返し、端まで編んでいく。

6. 天板に移して卵を塗る。上火165℃／下火180℃のオーブンで10分焼成、10分冷却、10分焼成、10分冷却、20分焼成を目安に仕上げる。

7. 背板にホットボンドを付け、6の網目の飾りパンを貼り付ける。
※背板は補強のためなので、つるすなど、使用目的によっては発泡スチロールでも良い。

8. 3の焼き上がったプレッツェルにもホットボンドを付け、貼り合わせる。

9. プレッツェル形の飾りパンは重量があるため、安定を考え下に貼る方が長く持つ。飾りは好みで自由に。文字を貼っても良い。

こころを寄せ合うバレンタイン

用意するもの

● 材料
- シロップ生地（白）………………………… 適量
- シロップ生地（ココア）……………………… 適量
- ヘーゼルナッツ ……………………………… 適量
- チョコチップ（茶／ホワイト）…………… 各適量
- ココアパウダー ……………………………… 適量
- ラズベリーパウダー ………………………… 適量
- 卵 ……………………………………………… 適量
- パラチニット（p.11 参照）………………… 適量

● 作業用
ナイフ、ハート形の抜き型（大小数種類）、文字の抜き型、型紙（右写真参照）、台紙（p.67-2 参照）、離型油、水、茶こし、金属製定規、やすり、彫刻刀

台座（ハート形）と支え用台。

[パーツを作る]

〈a〉

1　シロップ生地（白）と（ココア）を厚さ2cmにのばし、大小のハート型で抜く（必要数より多めに作る〈a〉）。支え用台の生地もp.66の型紙通りに切り取る。細い生地でリング状のハートを作る〈b〉。文字は型で抜く。それぞれ卵を塗り、180℃で、約40分焼く。焼き上がった順に取り出し、ハートのパーツは台紙の上に円形に配置する。円からはみ出る部分のパーツは切り取った形で作り直す（写真参照）。

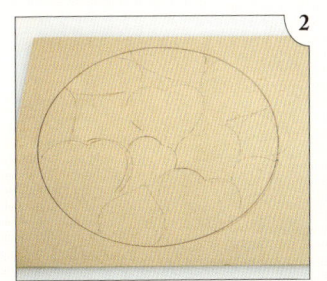

2　台紙に周囲の円と、それぞれの位置を書き残す。焼いて膨らんだハートの側面は、やすりや彫刻刀で削って平らにする。

〈b〉

3　リング状のハート形に、軽くローストしたヘーゼルナッツを接着する（パラチニット）。裏面にも貼り付ける。

〈c〉

4　焼き上がったハート形に周囲からチョコチップ（黒）を卵で貼っていく。内側にはチョコチップ（白）を、同様に貼る。

〈d〉

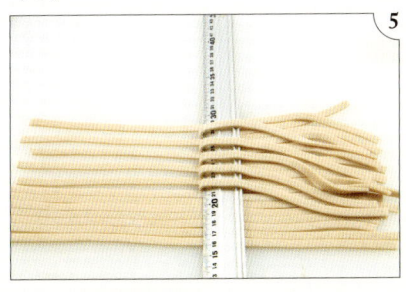

5　シロップ生地（白）と（ココア）をそれぞれ厚さ3mmにのばし、幅6mmに切る。シロップ生地（白）を並べて中央位置に定規を置き、1本おきに右に開く。

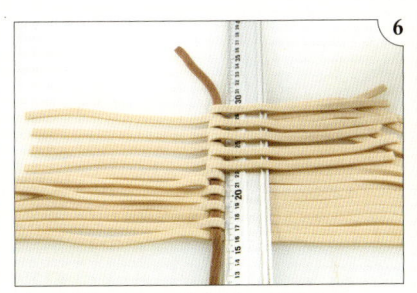

6　シロップ生地（ココア）を1本縦に渡し、接着のために卵を塗る。左右に開いたシロップ生地（白）の左右を変え、再びシロップ生地（ココア）を縦に渡す。左端まで行ったら、定規を外して右に編んでいく。

7　貼り付けたいハートのパーツの表面に卵を塗り、6に裏返しにのせ、余分な部分を切り落とす。

8 ハート形の穴部分は、裏から小さなナイフで切り抜く。

9 表を返して、切った断面がなじむように指で押さえる。表面に卵を塗って上火180℃／下火180℃のオーブンで40分焼く。

[組み立てる]

1 [パーツを作る]〈a〉の2の台紙の上に、それぞれのパーツを置く。支え用の台も置く。

2 それぞれの接点を確認し、パラチニットで接着していく。はみ出たものはナイフで切り落とす。

3 小さな台（抜き型など）に裏返しにのせ、卵を塗り、ココアパウダーを振り掛ける。ココアをのせたくない場所には、同じ大きさのパーツをかぶせて保護する。

4 ピンク色にしたい部分にはラズベリーパウダーを振る。

5 表に返し、同様にココアパウダー、ラズベリーパウダーを振り掛ける。

6 台座（ハート形の平台）は、はめ込む位置を決め、支え用台の幅（約2cm）の溝を彫刻刀で平らに削る。パラチニットで接着する。

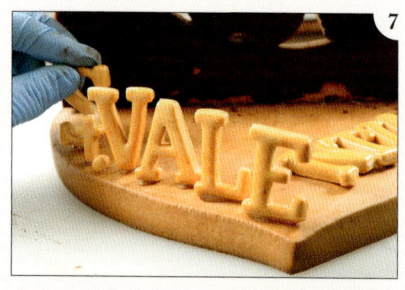

7 文字の配置を決め、パラチニットで接着する。

8 全体にココアパウダーを振り、余分な場所に付いたものは筆で丁寧に払う。

ハート形・バレンタイン・デコレ

用意するもの
- 材料
  - シロップ生地（白）……………………………… 適量
  - シロップ生地（ココア）………………………… 適量
  - 卵 ………………………………………………… 適量

- 作業用
  - ナイフ、ハート形の抜き型（大小）、葉形の抜き型（数種類）、円形の抜き型、離型油、水、ホットボンド

[パーツを作る]

〈台座〉

1
シロップ生地（ココア）を直径3～4cmの棒状にまとめ、フリーハンドでハート形を作る。下の先端は、生地の左右の端を斜めにカットして卵を付けてつなぐ。水を吹きかけて手で表面を滑らかにし、上火200℃／下火200℃で約40分焼く。

〈a〉

2
シロップ生地（ココア）を厚さ1mmにのばし、穴（写真は直径8mm）を開ける。穴の密度で表情が変わる。ハート形や丸形に抜く。

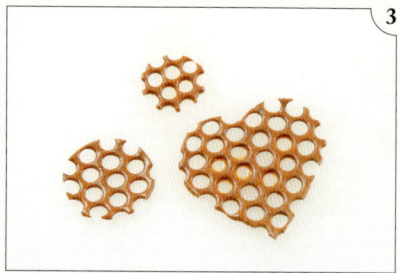

3
表面に卵を塗って上火160℃／下火160℃で20分ほど焼く。

〈b〉

4
シロップ生地（白）を薄くのばし、三日月、クロワッサン、プレッツェル、バゲットなどの形を作る。

5
1個ずつ、丁寧に卵を塗って、油を引いた天板に並べる。

6
上火170℃／下火170℃で、約30分焼く。

〈c〉

7
シロップ生地（白）を薄くのばし、細長く切り、上火170℃／下火170℃で20分焼く。
※艶を出したいときは卵を塗る。

8
7と同じ生地を葉の形をフリーハンドで切り抜いて焼く。

9
7と同じ生地を葉形の抜き型で抜き、葉脈をナイフで書き、p.43〈葉を作る〉の5と同様にアルミホイルで曲面を作って焼く。

10
7と同じ生地をハートの抜き型で抜いたものを、p.67の編み込み生地に置いてハート形に抜き、同様にして卵を塗って焼く。

［組み立てる］

1. ［パーツを作る］〈台座〉で作ったハート形の台座の自由な位置に、ミニパンをホットボンドで貼る。ここでのミニパンは、他の飾りの足場にするため、立体的で丸みのあるものが向く。

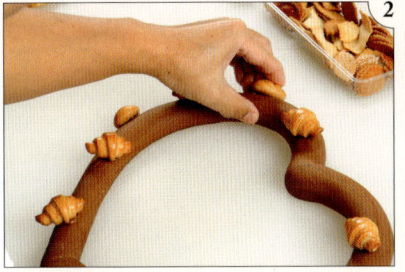

2. ミニパンは、他のものを貼っても存在が見えるように側面にも貼る。

3. ミニパンを足場にして葉を固定させていく。

4. 葉は、足元と背の部分と2点にホットボンドを付けて固定していく。

5. 奥行き感を出すために立体的に貼る。また、ハートの台座の幅から左右2割程度の幅の中に収まるように、パーツを貼った方が、全体にまとまり感が出る。

6. 細長いパーツや穴開きのパーツなど、動きを見せるものや、表情の変化をもたせるものは、最後に貼る。全体としてハート形が分からなくならないように気を付ける。

結婚式の他、バースデー、ウェルカムボードなどにも応用できます。

バレンタインを楽しもう！

用意するもの

● 材料
- シロップ生地（白）……………………… 適量
- シロップ生地（ココア）………………… 適量
- 米粉生地（白）…………………………… 適量
- 米粉生地（ラズベリー）………………… 適量
- ラズベリーパウダー……………………… 適量
- 卵…………………………………………… 適量

● 作業用

ナイフ、はさみ、円形の抜き型、葉形の抜き型、支柱の型紙（写真参照）、ボウル（直径14cm）2個、アルミホイル、めん棒、アルミパンチングの型（自家製）、円形型（大）、離型油、水、ホットボンド、冷却スプレー

シロップ生地（ココア）で使用した型紙。支柱用は左。

[パーツを作る]
〈a〉

1. シロップ生地（ココア）を厚さ5mmにのばし、半円の型紙（p.72の写真右）を当てて切る。

2. 水をたっぷり吹きかけて指で表面をなで、角を取ると同時に生地の表面も滑らかにし、卵を塗る。上火160℃／下火160℃のオーブンで約30分焼く。

3. シロップ生地（ココア）を厚さ8mmにのばし、支柱用の型紙（p.72の写真左）を当てて切り取る。

4. 支柱の支えにする補助パーツ（6参照）も、円形に切り抜いておく。

5. 3の生地の厚さと同じ太さのひも生地を作り、支柱と支えの補助パーツの側面に貼る。
※断面の厚いものは、卵を塗る方法では断面がきれいに仕上がりにくいため、ひも生地を貼り付ける。

6. 水を吹きかけて2と同じ条件で焼く。

〈b〉

7. シロップ生地（ココア）を厚さ7mmにのばして切り、手で丸めてひも生地を作る。

8. ボウル2つにアルミホイルをかぶせ、油を吹きかける。口回りに一周、ひも生地を巻く。

9. ひも生地を型の上をランダムに渡し、長いときははさみで切る。ただし、ひも生地の両端は必ず8の縁取り生地に付けること。

10. 卵を塗り、上下170℃で30分焼く。オーブンから出し、型から外して冷ます。

〈c〉

11 米粉生地(白)を、厚さ1mmにのばし、葉形の抜き型で抜く。

12 好みで周囲に切り込みを入れたり、葉脈を描く。卵を塗る。

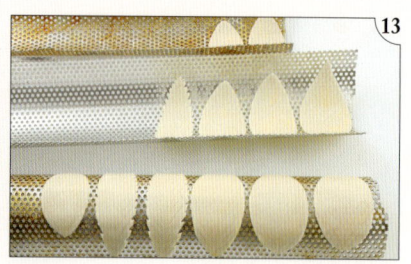

13 仕上げたいイメージに合わせ、直径の異なるパンチング天板の型を選び分け、油を吹きかけてのせる。

14 上火120℃/下火150℃のオーブンで約20分、焼く。

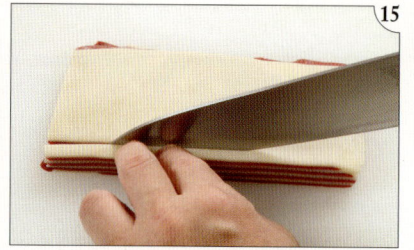

〈d〉

15 米粉生地(白)と米粉生地(ラズベリー)をそれぞれ厚さ2mmにのばして、層に重ねる。約8mm幅に切る。

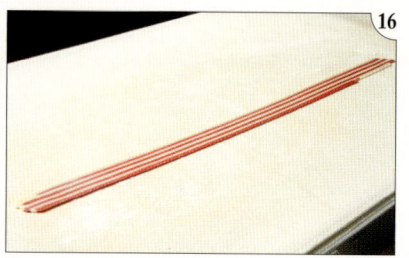

16 リバースシーターでのばし、幅3cm、長さ50cm、厚さ1.5mmに仕上げる。

17 適当な長さ(15cm程度)に切る。それぞれ自由な形に切って表情を作る。

18 好みの大きさのパンチング天板に油を吹きかけてからのせ、上火160℃/下火160℃のオーブンで約20分焼く。

〈e〉

19 米粉生地(白)を厚さ2mmにのばし、円形の型(大)を当て、ずらしながら細い曲線に切り取る。

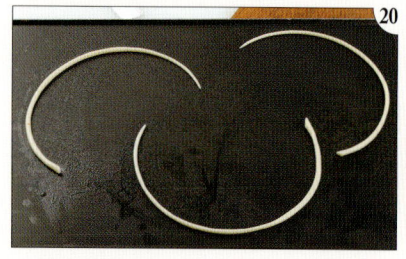

20 天板に油を引き、生地をのせて水を吹きかけ、上火160℃/下火160℃のオーブンで15分焼く。

21 米粉生地(白)と(ラズベリー)をともに厚さ5mmにのばし、大小のハート形に抜く。20と同様にして、約15分、焼く(大小のハートは焼き上がってから重ねる)。

22 米粉生地(白)と(ラズベリー)をともに厚さ1mmにのばし、さらにめん棒で薄くのばす。それぞれp.45の手順でバラを作り、1日以上室温に置いて乾燥させる(または半日以上置いた後、120℃で40分を目安に乾燥焼きする)。

〈f〉

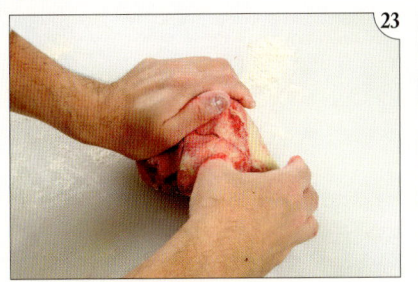

23　米粉生地（白）に少量のラズベリーパウダーを加えて軽くミキシングし、混ざり過ぎないところで止める。

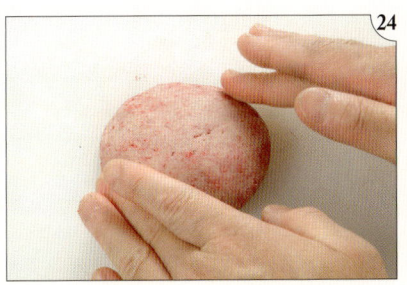

24　手で生地をまとめ、1つ当たり100から150gの、ばらばらのサイズで円形の台座を作る。

25　天板に油を吹きかけ、台座の生地を並べ、水を吹きかける。上火150℃／下火150℃のオーブンで約40分焼く。

[組み立てる]

1　[パーツを作る]の〈f〉の25で作った台座をホットボンドで重ね合わせ、好みの高さにする。

2　[パーツを作る]の〈a〉の6で焼いた補助パーツを半分に切り、支柱の下の部分に表裏から貼り付ける（接着面を広くするため）。

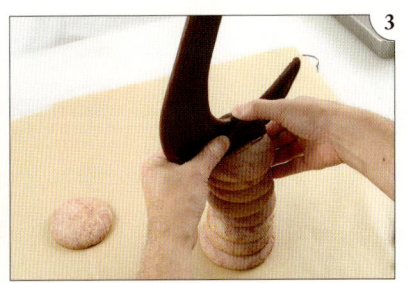

3　1の最上段にホットボンドを付け、2を付ける。

4　[パーツを作る]の〈a〉の2で焼き上げた半円をホットボンドで貼り付ける。早く固めたいときは、冷却スプレーを使う。

5　[パーツを作る]の〈b〉の10で作った半球を、ホットボンドで2つ合わせて球にする。

6　4の台に球をホットボンドで取り付ける。

7　ハートをホットボンドで貼り付ける。

8　その他のパーツも取り付ける。

ハロウィーン・パーティー

用意するもの

● 材料
- シロップ生地（白）……………………………… 適量
- シロップ生地（ブラックココア）………………… 適量
- 卵 ………………………………………………… 適量
- カンパーニュの中をくりぬき、サンドイッチを詰めた物

● 作業用
ナイフ、水、離型油、アルミホイル、竹串、ホットボンド
城の型紙、こうもりの型紙（右写真参照）

1 シロップ生地（白）を直径約1cmのひも状にのばす。ナイフで大きく切り込みを入れる。	**2** 大きく割いた生地をねじり、枝を節ごとに曲げていく。	**3** それぞれの大枝に、さらにナイフを入れ、ねじって小枝を作る。
4 8で作るふたの直径に合わせてアルミホイルを丸めて輪にし、油を吹きかけ、3の生地をのせる。水を吹きかけて上火180℃／下火180℃で20分焼く。	**5** シロップ生地（白）で数個の球を作り、焼く。同じくシロップ生地（白）を厚さ7mmにのばして円形に抜く。卵を塗り、先に焼いた球を包む。	**6** 側面から竹串を当て、かぼちゃの模様を付け、卵を塗る。ヘタ部分は5の生地を小さく三角形にカットしたものを同様に焼いていく。
7 シロップ生地（ブラックココア）を厚さ4mmにのばし、型紙を当てて城とこうもりを切り取る。	**8** 残りのシロップ生地（ブラックココア）で、1〜3の要領で木を作る。シロップ生地（白）を厚さ4mmにのばし、丸く（作りたい直径で）切り取り、ふたを作る。	**9** 天板に油を吹きかけ、6、7、8をのせ、それぞれ卵を塗って、上火160℃／下火160℃のオーブンで20〜40分焼く。パーツの出来上がり。
10 焼き上がったふたの上に4のいばらをのせ、かぼちゃを支えにして城を立てかける。いばらの中に、木を立てる。それぞれホットボンドで留める。	**11** 木にホットボンドでこうもりを貼り付ける。	**12** いばらの上に、ホットボンドでかぼちゃを付ける。

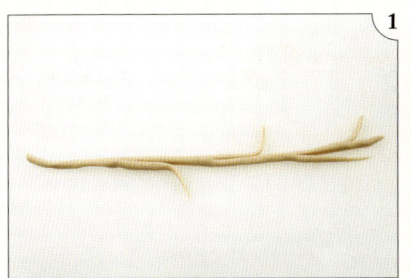

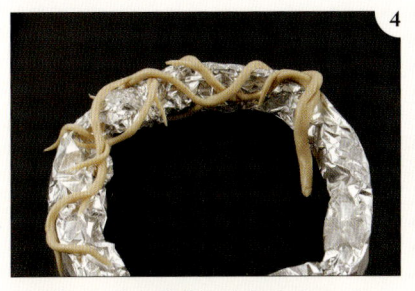

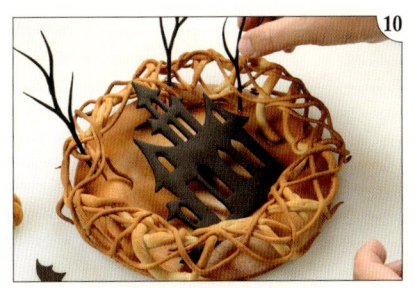

お化けかぼちゃのランプシェード

用意するもの

● 材料
- シロップ生地（白）……………… 適量
- 卵 ………………………………… 適量
- 電球 ……………………………… 1個

● 作業用
ナイフ、水、離型油、アルミホイル、ボウル（直径 約30㎝）2個、鉄鋼ステンレス用のこぎり、ホットボンド

シロップ生地は糖分が多く、焼成中にだれやすいので、型は写真のボウルのように、縁があるものが望ましい。

1. シロップ生地(白)を厚さ4mmにのばす。アルミホイルで包み、油を吹きかけたボウルにのせて両手で押さえ、形を整える。これを以下、11の工程まで、2つずつ作る。

2. 周囲に余分な生地を残したまま、水を吹きかける。

3. 上火160℃／下火160℃で約15分焼成。火膨れができたら取り出して手でなでる。

4. 表面が十分乾燥したら取り出し、両手で押さえてなじませてから、室温に冷ます。

5. シロップ生地(白)を厚さ8mmにのばし、幅1cmのひも状に切る。

6. 冷めた4に水を吹きかけ、5のひも状にした生地を十文字に交差させる。

7. さらに八方にひも生地を貼っていく。下の端をそろえながら、厚みを見ながらひも生地を重ねる。生地の起伏がなだらかになるように水を吹きかけ手で押さえる。上部中央を平らにする。水を吹きかける。

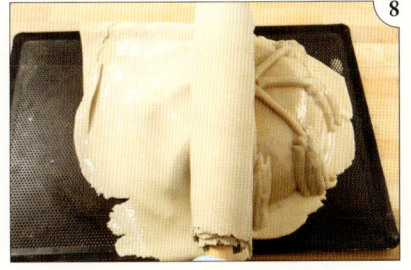

8. シロップ生地(白)を厚さ3mmにのばし、7に重ねる。

9. 空気が中に残らないように、生地はのばし気味にしっかり押さえていく。

10. 水を吹きかけ、表面が滑らかな凹凸になるよう、さらに手のひらで何度もなでる。

11. 裾の余った生地をナイフで切る。断面が内側に向かって斜めに切り込むようにする。

12. 残りの生地で、大きさのバランスを見ながらヘタを1つ作る。

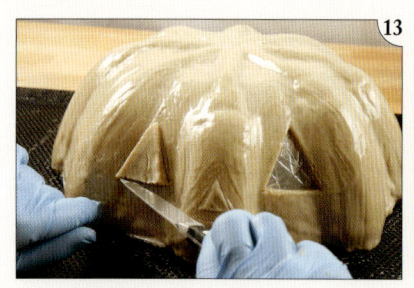

13　1つの型に目、鼻の位置を決め、ナイフで切り抜く。

14　鼻の高さで表情が変わるので、事前によく確認すること。

15　もう1つの型から口を切り取る。

16　上火160℃／下火220℃のオーブンに天板無しで入れ、約80分、しっかり焼き込む。12のヘタも焼く。

17　オーブンから出し、冷めたら重ねてみて、上下のかみ合わせを見る。

18　座りの悪い突出した部分を、鉄鋼ステンレス用のこぎりで削り取る。

19　前面の上下は隙間が無いように。後ろ側は、電球のコードが入る程度の隙間は残しておく。

20　ひびの入った部分には、残り生地をナイフで埋め込む。

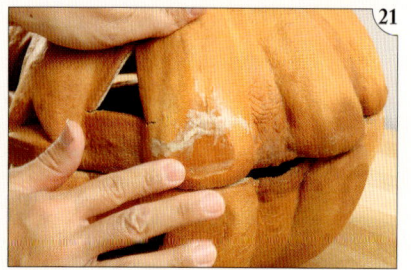

21　表面に凹凸が無いように、指で滑らかにする。

22　卵を二度塗りし、オーブンに入れてさっと乾かす。ホットボンドでヘタを取り付け、後ろ側の上下の隙間から電球を入れる。

パン・デコレのX'mas リース

用意するもの
● 材料
シロップ生地（白）……………………………… 適量
卵 ………………………………………………… 適量
飾り（もみの枝、リボン）……………………… 適宜
スタンド（写真はシロップ生地で製作）……… 1台
● 作業用
ナイフ、丸口金、離型油、水、ホットボンド、パーツの型紙

1	2	3
シロップ生地（白）を厚さ1cmにのばし、好みの幅のリング状に切り取る。シロップ生地（白）を厚さ2mmにのばし、幅8mmの帯を作る。リングの内側と外側に沿って卵を塗り、帯生地を貼る。	1と同じ厚さの生地から丸口金を使って円形（直径約10mm）を抜く。	1の側面に水を塗り、2の生地を隙間無く付けていく。卵を塗る。
 4	5	6
リースに貼りたいデザイン画を実寸にプリントする。厚さ4mmにのばしたシロップ生地（白）の上に型紙をのせ、輪郭を出す。	型紙を外して、ナイフで生地を切り抜く。	切り抜いた生地に水を吹きかけ、丸く抜いた生地ものせる。
 7	8	9
同様に型紙でパーツを作っていく。	サイズは型紙にこだわらず、他のパーツとのバランスで調整する。	＜縁取りを付ける方法1＞ 縁取りをするために、厚さ2mmの生地で細いひもを用意する。
 10	11	12
9の生地に卵を塗り、縁取りをする。	＜縁取りを付ける方法2＞ 卵を塗った生地の上に、絞り生地で書いていく。	

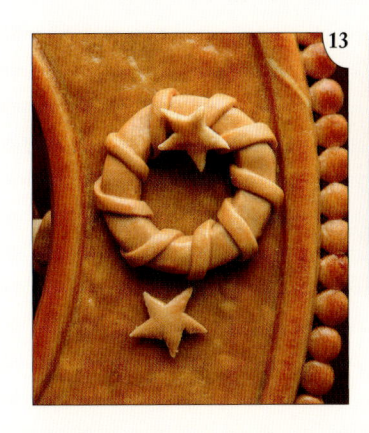

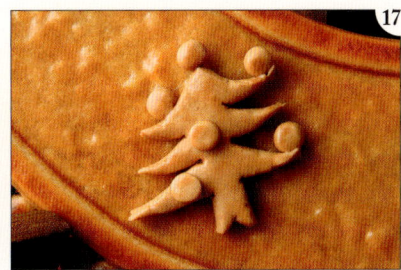

3の生地全体に卵を塗り、上火160℃／下火180℃のオーブンで10分焼成、10分冷却、20分焼成を目安に焼き上げる。各パーツも同様に焼いておく。冷却後、ホットボンドで貼り付ける（13〜19）。

アンティーク・リース　星に願いを

用意するもの

● 材料

シロップ生地（白）	適量
卵	適量
けしの実（白／黒）	各適量
コーングリッツ	適量
真びき粉（もち米）	適量
オーナメント（飾り）	適宜
スナップサルカン（つなぎ用の金具、釣り道具）	2
スイベル（回転式連結具、釣り道具）	1
釣り糸	適量
吊り金具（フック）	2
ミニパン（写真、作り方p.88参照）	適宜

● 作業用

ナイフ、離型油、水、ヤットコ、ホットボンド、ボウル（写真は直径33、26、23、17.5cmの4種類）

1 シロップ生地（白）を厚さ4mmにのばし、天板の上で二重のリングになるように切る。 ※大小のボウル4つでサイズをとると便利。ただし、最大サイズが天板に入るサイズであることと、2つのリングの間が十分あることを確認すること。	**2** 大小のリングをつなぐ金具（サルカンとサルカンをスイベルで連結したもの）を上下の生地に埋め込む。	**3** 上下は『スナップサルカン』、連結しているのが回転を可能にする金具『スイベル』。
4 二重リングの間隔を崩さないように置いたまま、水を吹きかける。	**5** 上下180℃で30分以上、硬くなるまで焼く。生地が曲がったら、オーブンから出して天板をのせて冷ます。	**6** 1と同じ厚さ4mmの生地から、幅5mm、長さ140〜150cmのひもを5本とる。片方の端に重しをのせ、もう片方からよりをかけていく。
7 5の生地の一番外側の側面に卵を塗る。	**8** 6のよりをかけたものを貼り付ける。	**9** 2で連結させた箇所の外周側に、吊り金具を差し込む。
10 卵を塗る。	**11** シロップ生地（白）で6より太いひもを作り、斜めにはさみを入れる。	**12** 内リングの内側に卵を塗り、11のひもを貼り付ける。

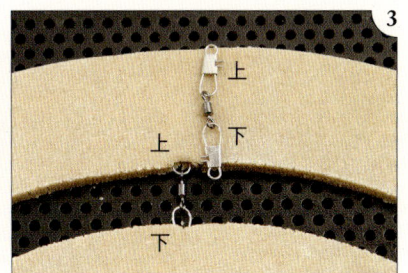

13 切り込んだ生地を1つおきに立ち上がらせる。

14 13の生地に卵を塗って星（オーナメント）を吊るすためのフックを差し込む。

15 6より細いひもを2本作り、外リングの内側と、内リングの外側に卵を塗って、それぞれ貼り付ける。

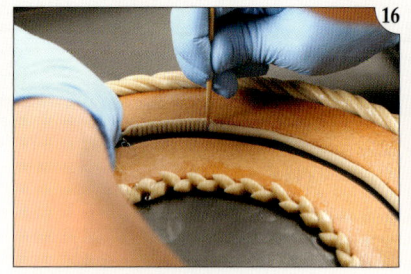

16 外リングの内側に貼ったひも生地は、竹串で押さえて線の模様を描く。

17 15、16の縁取りの生地に、卵を塗る。

18 上火160℃／下火160℃で30分、焼成する。

19 貼り付け生地を作る。シロップ生地（白）を厚さ3mmにのばし、水を吹きかけてけしの実（白）をのせ、めん棒で押さえる。さらにリバースシーターにかけて厚さ約2mm程度までのばす。他のけしの実（黒）、コーングリッツ、真びき粉（もち米）も同様にする。

20 18の生地が冷めたら卵を塗り、19のそれぞれの素材の生地を適当な大きさにナイフで切り取り、モザイク模様のように貼っていく。天板にのせる。

21 上火120℃／下火120℃のオーブンで扉を開けたまま、約20分、乾燥させる程度に焼成。

22 焼き上がったら、冷ます。

23 フックに釣り糸を通してオーナメントを付ける。

24 ミニパン飾りを、ホットボンドで付ける。

クリスマスツリー

用意するもの

● 材料

シロップ生地（抹茶） ……………………………… 適量
（p.18の生地作り〈例1〉参照。抹茶パウダー8％）
シロップ生地（白） ………………………………… 適量
卵 …………………………………………………… 適量
パン・オ・セイグル ………………………………… 1個
フック ……………………………………………… 適量

● 作業用

アートナイフ、円形の抜き型、金属製定規、竹串、ミニめん棒、ツリーの型紙、アルミホイル、離型油、水、ホットボンド、ヤットコ、バヌトン、ベーキングシート、パラチニット

この型紙で生地を2枚とる（幹部分の溝は、2枚のおのおのに上か下の1か所ずつ開ける。写真は、左右80cm、高さ65cm（枝下の幹部分5cmを含む）で設計。

1	2	3
ミニパンを作る。シロップ生地（白）を細いひも状にし、左右を寄せて2回ひねり、小さな輪を作る。	ひも状の生地を上に上げ、プレッツェル形にする。	長細い生地を作り、斜めにはさみを入れる。
4	5	6
左右に開いて、エピのようにする。	小さな球を作る。別生地で円形の生地を平らにのばす。	平らな生地を球状の生地の上にのせ、竹串で中央を押してくっつける。
7	8	9
それぞれのミニパンにフックを差し込み、油を吹きかけた天板にのせる。プレッツェルにはベーキングシートを敷く。	卵を塗る。	上火160℃／下火160℃で30分、焼成する。
10	11	12
個々の大きさは、ツリー生地の穴（p.89の18参照）の大きさより余裕をもって小さく仕上がるよう確認して作ること。	土台を作る。通常のセイグル生地を、粉をしっかり振ったバヌトンに詰めてホイロは短めにとる。	ツリーを差して倒れないようにしっかり焼いたパン・オ・セイグル。

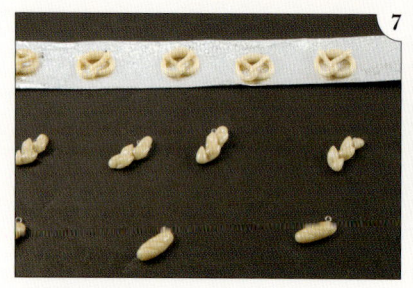

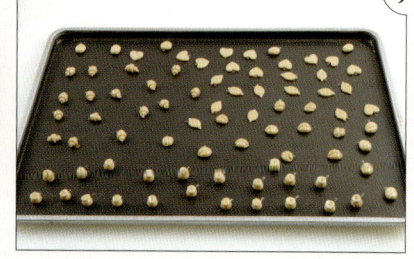

13 シロップ生地（緑）を厚さ4mmにのばす。板の上にアルミホイルを敷き、生地をのせ、ツリーの型紙を置いて実寸より大きめに切る。これを2枚作り、以下2枚ずつ一緒に作業する。

14 焼成によるゆがみを調整するために、上火160℃／下火160℃のオーブンに約10分入れる。
※オーブンにはメッシュの天板を裏返して置き、その上に生地をアルミホイルごと置く。

15 再び型紙を当て、今度は型紙通りの寸法に切る。

16 縦横5cm幅で全体に薄く線を引く。中央部は約7cm残して左右から線に沿ってカッターで切り込みを入れる。また、2枚のツリー生地を組み合わせるために、幹部分をそれぞれ上から30cm、下から35cm、生地の厚み分の幅で溝を切る。ただし生地は外さないでおく。

17 丸く穴を開ける位置を決める。抜き型で、印を付ける。

18 抜き型では断面がきれいにならないので、アートナイフで1つずつ、穴を切り取る。

19 フックのねじ部分に卵液を付け、穴の断面に差し込む。

20 メッシュ天板を裏返して置いたオーブンを上火160℃／下火160℃に設定し、19の生地を40分焼成する。

21 オーブンから取り出し、冷めないうちに左右から枝生地1枚おきに金属製定規を差し込む（写真参照）。幹部分の余分な生地は外す。冷めたら卵を塗る。

22 2枚のツリー生地を上下から垂直に組み合わせ、十字に穴を開けておいたセイグルに溶かしたパラチニットを流し込んで差し込む。

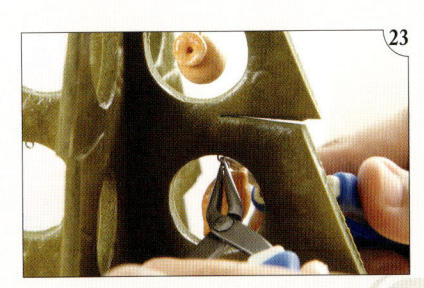

23 ヤットコを2つ用意して左右から持ち、ミニパンを取り付ける。

輝く星の下でサンタクロースと

用意するもの

● 材料
- シロップ生地（白）……………………… 適量
- シロップ生地（ココア）………………… 適量
- 米粉生地（白）…………………………… 適量
- 卵 ………………………………………… 適量
- 飾り（星、クリスマスグッズ）………… 適宜

● 作業用
ナイフ、定規または固い紙、ボウル、アルミホイル、離型油、型紙（側柱、塔）、円柱形型（大小）、マジパンニッパー、ホットボンド、ピケローラー

側柱と塔の型紙。本生地では、2か所に丸抜きをしている。高さ、幅は全体像から自由設定。

[パーツを作る]
〈a〉

1. シロップ生地（ココア）を厚さ5mmにのばし、型紙に沿って切る。これを4枚作り、以下同時に作業を進める。ピケローラーで空気穴を開け、上火180℃／下火180℃のオーブンで約15分、焼く。

2. シロップ生地（白）を厚さ5mmにのばし、1の裏に卵を塗って貼り付ける。1の生地にそろえて切り取る。

3. 定規や固めの紙で、一定間隔に横に筋目を入れる。線は深く、しっかりと入れる。

4. 横線と横線の間に縦線を、れんが模様になるように互い違いに入れていく。

5. シロップ生地（白）を厚さ7mmにのばし、ドームの上の塔の型紙を当てて4枚切る。

6. 4、5の表面と側面に卵を塗り、上火180℃／下火180℃で約15分焼き、さっと乾かす。

〈b〉

7. 米粉生地（白）とシロップ生地（ココア）をそれぞれ厚さ7mmにのばす。（白）の上に（ココア）をのせ、端から巻いていく。

8. 大きめに切る。

9. 向きを変えながら、リバースシーターで厚さ3mmの円形になるようにのばす。

10. ボウルにアルミホイルを巻き、油を吹きかけたものに9の生地をかぶせる。

11. 8の残り生地から3本のひも生地を作り、三つ編みにする。10の余分な生地を切り取り、水を吹きかけ、三つ編みを1周巻く。上火170℃／下火170℃で約40分焼成。熱いうちに一度型から外し、再び戻してそのまま冷ます。

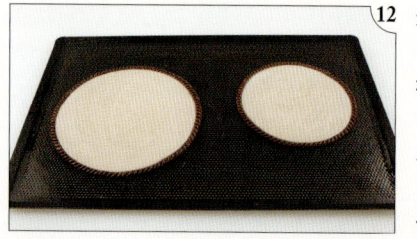

12. 米粉生地（白）を厚さ1cmにのばす。大円1枚、中円2枚、小円1枚の計4枚の円板を切り抜く。シロップ生地（ココア）をひも状にしてそれぞれの周囲に巻き、マジパンニッパーでつまんで模様を付ける。卵を塗り、上火170℃／下火170℃で30分焼成。（シロップ生地でも良い）

13. 本体の支柱を作る。シロップ生地（ココア）を厚さ5mmにのばし、円柱の型に入れる。そこに円柱の棒を差し込む。上火180℃／下火180℃で80分焼成。冷めてから抜く。

14. 13と同様にシロップ生地（ココア）でドーム上の支柱を作る。

15. 13と同じ生地で、直径8cm程度の円板を7枚切り抜き、周囲にひも生地を貼る。卵を塗り、上火170℃／下火170℃で20分焼成（支え用パーツ）。

[組み立てる]

1. ［パーツを作る］の12でできた大円に、15で作った支え用パーツ3枚をホットボンドで固定し、さらに中円1枚を張る。

2. 中心部に本体支柱を立てる。

3. 残りの支え用パーツ4枚をそれぞれ2つに切る。

4. 側柱4枚の足元に支え用パーツを両側から付ける。

5. 4を大円の上4か所に均等に配置し、付ける。

6. 本体支柱の上に中円を1枚貼り、p.91-11のドームをのせて、その上に小円を置く。

7. ドーム上に支柱を立て、星のオーナメントなどを飾る。

桶スタイルのパン・バスケット

用意するもの

● 材料
  シロップ生地（白）・・・・・・・・・・・・・・・・・・・・・・・・・・・・・・・・・・適量
  卵・・適量
  飾り用のミニパン・・・・・・・・・・・・・・・・・・・・・・p.53、54参照

● 作業用
  水、ナイフ、直角型、シフォンケーキ型（大型の空き缶でも可、写真は直径24cm）、ホットボンド、離型油

1 シロップ生地（白）を厚さ4mmにのばし、側面用に2cm×12cmの生地を40～50枚程度切り取る。卵を塗って、上火170℃／下火170℃のオーブンで25分焼く。

2 1と同じ生地から、写真のような生地を3～4個切り取り、中央に切れ目を入れて直角の折り目を付けて1と同じ条件で焼く。ただし、長い辺は1より2cmほど短くしておく。

3 同じ生地から、シフォンケーキ型の内側に入る程度の円形を2枚、切り取る。底板にする方をやや小さく、上の台にする方をやや大きくとる。ともに数か所穴を開ける。

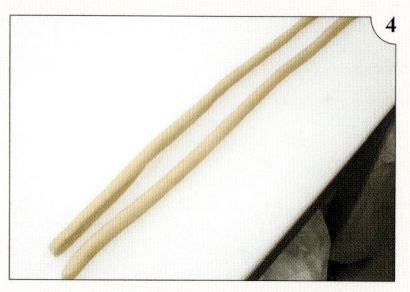

4 シロップ生地（白）で太めのひもを2本作り、ねじり合わせる。

5 長さを見て、余分な生地は切り取る。卵を塗り、1と同じ条件で焼く。

6 取っ手を付けるために円筒を2か所付ける。

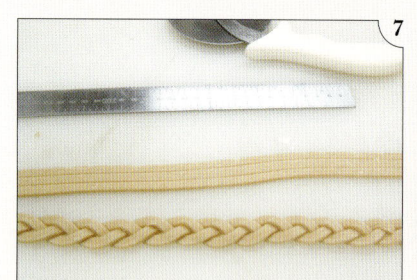

7 シロップ生地を厚さ2mmにのばし、幅6mmの生地を3本作って三つ編みにする。

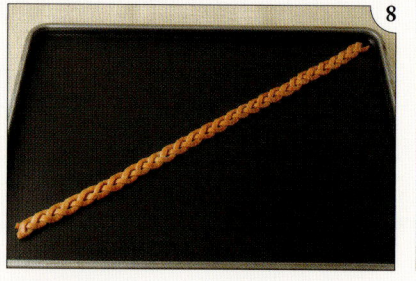

8 7に卵を塗って、上火160℃／下火160℃のオーブンで10分焼く。冷めないうちに、シフォンケーキ型にいったん巻き付ける。

9 1の生地の長辺の片方に、ホットボンドを付ける。

10 シフォンケーキ型の内側に、重ねながら貼っていく。

11 底板に、2の、支え用直角パネルをホットボンドで留める（3か所）。

12 底板を側面と貼り合わせて型から出す。5の取っ手を6に取り付け直角パネルの上にのせる。シフォンケーキ型に巻き付けていた8のベルト生地に、もう一度卵を塗り、上火160℃／下火160℃のオーブンで約20分焼く。ベルトが熱くて軟らかいうちに本体に巻く。ホットボンドで留める。

Fresh&Pure

KOBEYA

WELCOME TO OUR
WEDDING RECEPTION
yasuo
yuko
SEP.16.2006

BREAD CAKE DRINK

WELCOME
TO OUR WEDDING PARTY

Step Ⅲ

世界を目指す飾りパン

独創的なアイデアと技術。
パンが生み出す空間力

　ここでは空間の主役になりうる立体型の飾りパンを紹介します。2作ともパン生地のみで作られ、さらに自力で立っています。計算された曲線や厚みの組み合わせ、重みと空間使いのバランス感覚、それらを可能にした改良生地。どれもたくさんの人々の試行錯誤から、ここに1つの完成を見せました。

　しかし、世界は、今また一歩先へと進んでいます。

Title

パンのぬくもり

パーツは一見シンプルですが、生地の厚さ、大きさ、色の濃淡など、一つひとつ計算して作っています。大小の曲線の大胆さ、足元の繊細さ、中央のパンの温かみ、この3つのバランスを取ることに加え、自立させることにも知恵を絞りました。（製作：山﨑　彰徳）

用意するもの

● 材料
- シロップ生地（白）
- シロップ生地（ブラックココア）
- 塩生地（白）
- 卵
- パラチニット
- パン・ド・カンパーニュ2種（ハート形、花状王冠形）
- 飾りパン（麦、ぶどう、ひまわり）

麦（p.38 参照）、ぶどう（p.41 参照）

ひまわり（p.46 参照）

パン・ド・カンパーニュ（花状王冠形）円盤状の生地の周囲に小玉の生地をのせた後、円盤の中央部分に小玉の数に合わせて生地を切り、小玉の生地にかぶせる。

パン・ド・カンパーニュ（ハート形）
右プロセス参照

1. 楕円形に丸めたパン生地を斜めに切る。
2. 同じことを2つのパン生地で行う。 
3. 別々の半切れを組み合わせる。 
4. ハート形に整えてホイロをとる。 

● 作業用
- ナイフ、
- 型紙（スタンド用、三日月形2種　写真参照）、
- 離型油、水、小型のこぎり

背面で支える生地が、表の2種類の三日月形から見えないよう、角度を確認して型紙を作る。

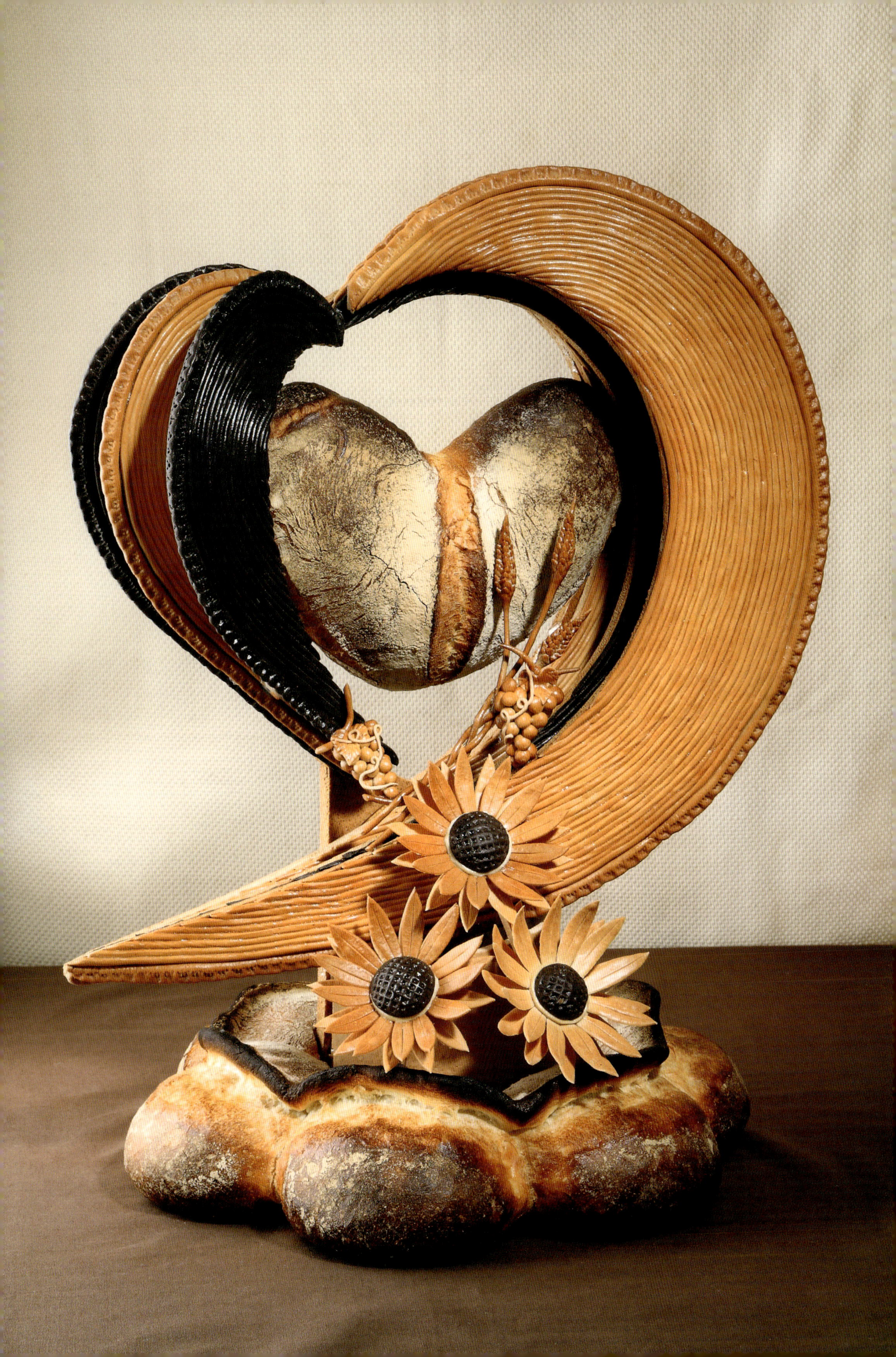

1. シロップ生地を厚さ7mmにのばす。大小の三日月の型紙を当て、それぞれ3枚ずつ、型紙より大きめに切る。上火170℃／下火170℃で約10分、焼成。取り出して正しいサイズに切りそろえ、再び同じ温度で40分焼く。

2. シロップ生地（白）、（ブラックココア）それぞれの生地からひも状生地を作る。1の生地が冷めたら卵を塗り、外側から貼っていく。これを大サイズでは（白）を2枚、（ブラックココア）を1枚、小サイズでは（白）を1枚、（ブラックココア）を2枚作る。

3. 同じ生地で、太めのひも状生地を作る。2の外周断面に卵を塗り、貼り付ける。マジパンニッパーでつまみ、模様を描く。これを大小合計6枚、全てに施す。

4. 卵を塗り、上火180℃／下火180℃で約30分、焼く。ゆがみが出たら、オーブンから出し、天板を二重にしてのせてそのまま冷ます。

5. 支え用に、塩生地（白）を円柱形に焼く。左右から角度をそろえて台形にカットする。これを同じサイズで小型三日月用に4個、大型三日月用に6個作る。また、厚さ5mm、1×20cmの棒状生地も補助パーツとして数本、焼いておく（p.101-18で使用）。

6. 小三日月の（ブラックココア）の上に5の台形の支えパーツを2つ、パラチニットで付ける。残りの2枚も同様に付ける。

7. 大三日月も同様にする。ただし、大きいので支えパーツは一段に3個ずつ使う。色は小三日月とは逆にする。大小とも、三日月形の先がきれいにそろうよう、支えパーツの角度は貼る前に確認しておくこと。

8. 背面用の生地を焼く。塩生地を厚さ1.2cmにのばし、型紙を当てて大きめに切る。上火170℃／下火170℃で10分焼き、取り出して正しい寸法に切り、同条件で色が付くまで、約60分焼成。取り出し、天板を二重にしてのせ、そのまま冷ます。

9. パラチニットを8の上に流し、3枚仕立てになった小三日月をのせる。

10. 大三日月も同様にのせる。

11 支柱を作る。塩生地を厚さ5mmにのばし、大きめの四角に切って、上火170℃／下火170℃で10分焼く。8の支柱部分に合わせてカットする。再び同条件で60分焼く。熱いうちに丸めて型に入れる。

12 冷めたら取り出し、下面が平らになるように小型のこぎりで切りそろえる。

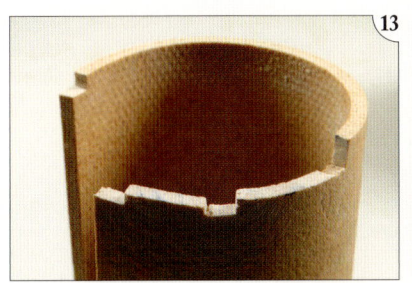

13 上面は、3枚仕立ての大小左右の三日月が安定して納まるように、合わせながら調整する。

14 背面用の生地と、三日月生地と、両方にパラチニットで接着する。

15 ハート形のカンパーニュを中央に差し込み、左右の大小三日月との接点をパラチニットで接着する。

16 立たせて、安定性を確認する。

17 花状王冠形のカンパーニュの中央に支柱が差し込めるよう、サイズをカンパーニュの方で調整する。

18 飾りパンの貼り付け用に、台座のカンパーニュと三日月の底辺を棒状の補助パーツでつなぐ。

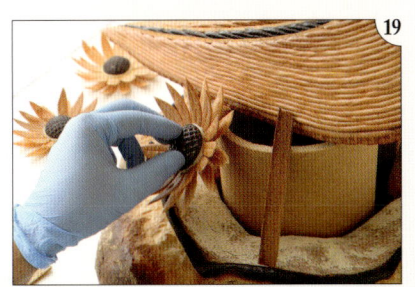

19 ひまわりを付ける。

20 足元がきれいに隠れるよう、ぶどうや麦の飾りパンをあしらう。

Title

美しい日本

2012年、クープ・デュ・モンド・ド・ラ・ブーランジュリー、フランス本大会で日本が優勝した時の作品です。空間の活用、全体の色の構成が高く評価されました。世界の流れを情報収集し、今回の課題である「自国のシンボル」をこの形で表現しました。本番直前まで試行錯誤しながら多くの方々のアドバイスをいただき、作り上げた作品です。（製作：畑仲　尉夫）

用意するもの

● 材料
- シロップ生地（白・ココア・ブラックココア）
- 塩生地（白）
- 米粉生地（白・パンプキン）
- 絞り生地（白・パンプキン・ココア）

発酵生地
- パン・ド・カンパーニュ生地、
- けしの実（白・黒）、強力粉、ライ麦粉、コーングリッツ
- 卵
- パラチニット
- オリーブ油

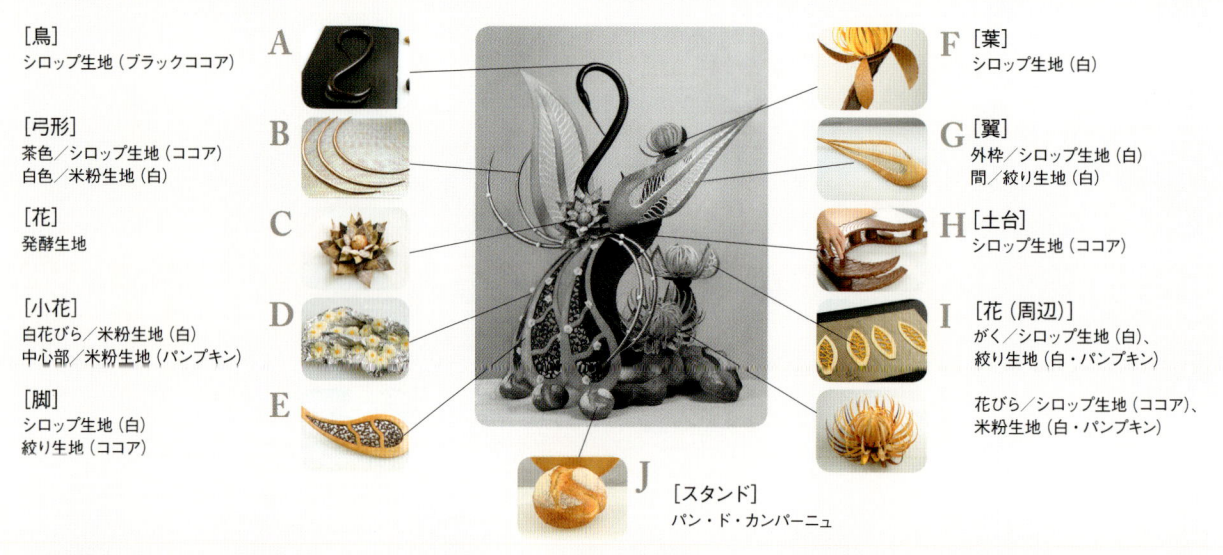

A [鳥]
シロップ生地（ブラックココア）

B [弓形]
茶色／シロップ生地（ココア）
白色／米粉生地（白）

C [花]
発酵生地

D [小花]
白花びら／米粉生地（白）
中心部／米粉生地（パンプキン）

E [脚]
シロップ生地（白）
絞り生地（ココア）

F [葉]
シロップ生地（白）

G [翼]
外枠／シロップ生地（白）
間／絞り生地（白）

H [土台]
シロップ生地（ココア）

I [花（周辺）]
がく／シロップ生地（白）、
絞り生地（白・パンプキン）
花びら／シロップ生地（ココア）、
米粉生地（白・パンプキン）

J [スタンド]
パン・ド・カンパーニュ

● 作業用
ナイフ、ピケローラー、茶こし、葉形の抜き型、
円形の抜き型（大中小）、ベーキングシート、
型紙（写真参照）、セルクル、
絞り袋、パンチング天板（形状はオリジナル）、
離型油、水、冷却スプレー

土台 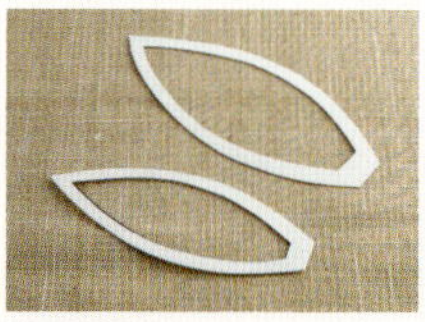　　　花のがく 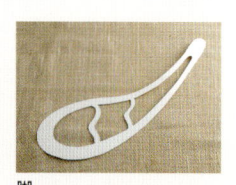　　　脚

翼の左右 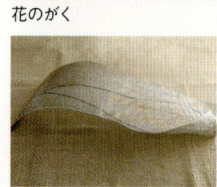　　　翼を焼くときの網　　　翼を焼くときの網

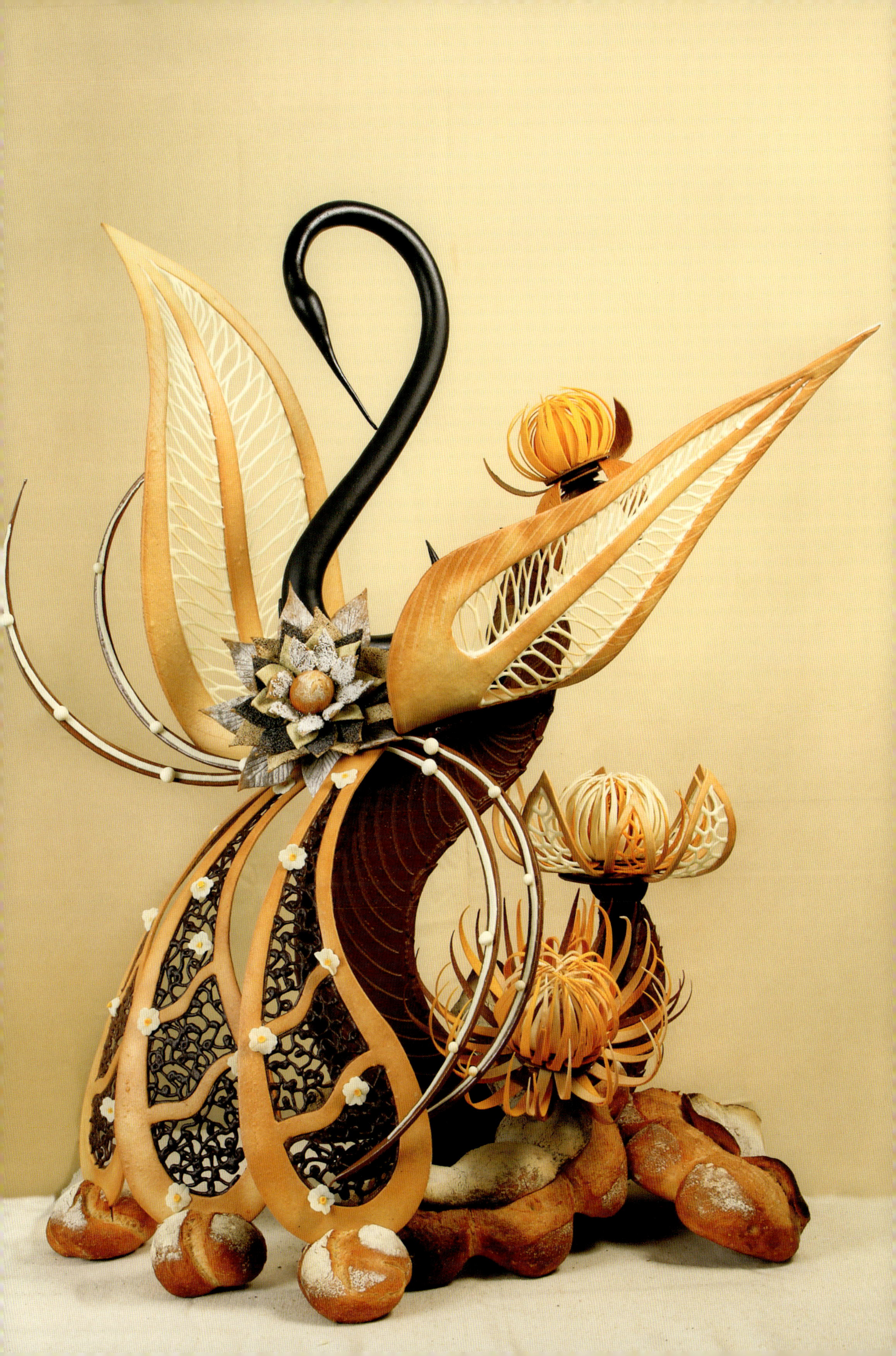

[パーツを作る]
〈1. 花びらを作る〉I

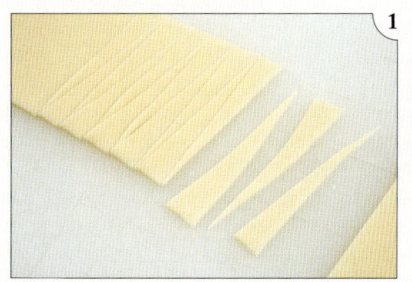

1 米粉生地（白）を厚さ1mmにのばし、幅9cmの帯状に切る。二等辺三角形に切り取る。この方法で、米粉生地（パンプキン）、シロップ生地（ココア）も帯状にし、その幅を変えることで長い花びらができる。ここでは9、12、15cmの3種類を製作。

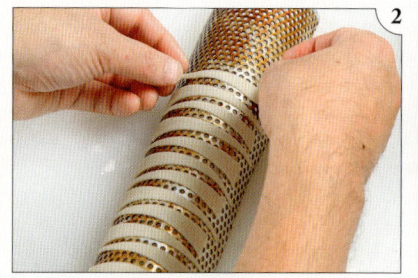

2 パンチング天板を半筒状にしたものに油を吹きかけ、切った生地を1枚ずつのせる。この直径を変えれば、大小の花びら、大小の花ができる。ここでは直径7、8、11cmのものを使用。

3 水を吹きかけ、天板を逆さに敷いた上にのせ、上火150℃／下火150℃で約10分焼く。それぞれ好みの色合いで取り出す。大きいものは、時間も長めにとる。

〈2. 花のがくを作る〉I

4 シロップ生地（白）を厚さ2mmにのばし、がくの型紙を当てて切る。中はフリーハンドで切り抜く。

5 卵を塗る。

6 表面にナイフの背で模様を描く。模様とともに、火膨れ防止の役目を果たす。上火150℃／下火150℃で約15分焼く。

7 ベーキングシートに移し（絞り生地は、下に油があると溶けてしまうので）、冷めたら絞り生地（パンプキン）を内周に絞っていく（この後の絞り生地を接着するための足がかりとなる）。

8 中の空間を埋めるために、生地同士が接点を持つように模様を描く。3と同じ条件で5分ほど焼く。

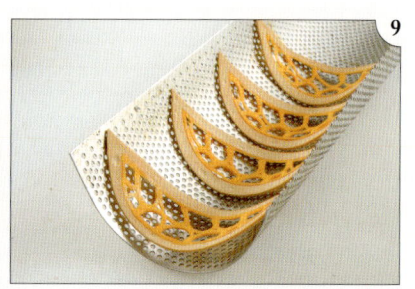

9 出して、軟らかいうちに曲面になるようパンチング天板の型に置く。そのまま冷ます。絞り生地（白）のがくも同様にして作る。

〈3. 花を組み立てる〉I

10 シロップ生地（ココア）を厚さ3mmにのばし、大2、中2、小1の円形を抜く。ピケローラーで空気穴を開け、上火170℃／下火170℃で約20分焼く。

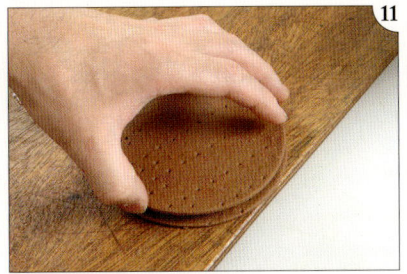

11 大円の上に中円、さらに大円と重ね、パラチニットで留める。

12 さらに小円を重ねる。

13 最後に中円を重ねる。これで、横から差し込む空間が2段できたことになる。

14 球状に丸めて焼いたシロップ生地（白）を上に貼る。その球状の生地と中円の生地の間に中心となる色で、最も花びらが短いものを差し込む。

15 2周目も、同じ色の花びらを同じ中円の上に留めていく。早く固めるために冷却スプレーを使用。

16 色を変え、中くらいの長さの花びらを付けていく。

17 2周したら完成。ここまで全て中円の上だけで留めている。

18 14で確認した隙間の上段に、（パンプキン）のがくを差し込む。

19 下の段に、（白）模様のがくを差し込む。

● この他の「花」のバリエーション1

20 花びらの色の組み合わせを変えた例。

● バリエーション2

21 1色のみで作った例。周囲にはシロップ生地（白）で作った葉を付ける。

〈4. 花を作る〉C

22 発酵生地を厚さ1mmにのばし、ピケローラーで空気穴を開ける。

23 大小のしずく形で抜く。

24 白く仕上げる一番大きな花びらには、強力粉とライ麦粉を1:1で混ぜて茶こしで振りかける。大きさによって色を統一すると後が組みやすい。

25 粉の上からナイフの背で葉脈を描く。

26 けしの実（白、黒）を付ける場合は、葉の上に水を吹きかけ、けしの実を付ける。

27 黄色く仕上げるには26と同じ要領で、コーングリッツを付ける。曲面の型にのせ、上火170℃／下火170℃で15分焼く。

28 シロップ生地（白）をのばして大円を抜き、台として焼いたものに27の花びらを付ける。

29 中心部用に、シロップ生地（白）を球状にして焼いておく。

30 色の組み合わせは、花びらの大きさを決める時に決めておくと作業が早い。

〈5. 花をつくる〉D

31 米粉生地（白）を厚さ1mmにのばす。花の型で抜く。ナイフの背で、花びらに筋目を付ける。

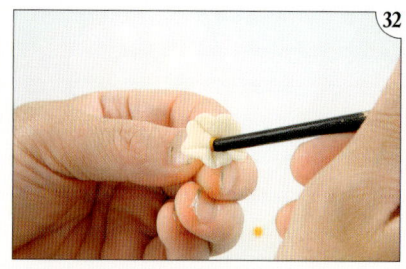

32 米粉生地（パンプキン）を小さな球状にする。頭の丸い棒で中央に押し付ける。

33 アルミホイルを軽くまとめ、凹凸にふんわりと32の花をのせ、低温のオーブンの扉を開け、その前で乾かすように焼成。

〈6. 翼を作る〉G

シロップ生地（白）を厚さ3mmにのばし、型紙より一回り大きく切った生地を上火170℃／下火170℃で約20分焼成。7割程度焼けたところで出して、正しいサイズに切る。

2度目は、上火150℃／下火150℃に下げて約10分焼成する。冷めたら、絞り生地（白）を内周の縁に絞る。

同じ生地で模様を描き、空間をつないでいく。

上火160℃／下火160℃で約15分焼成し、曲面の型にのせる。

〈7. 脚をつくる〉E

34～37の要領で、絞り生地は（ブラックココア）を使って、焼き上げる。33で作った花を付ける。

丸く焼いたパン・ド・カンパーニュの上面に切り込みを入れ、差し込んで立たせる。

〈8. 弓形を作る〉B

シロップ生地（ココア）と、米粉生地（白）を、それぞれ厚さ2mmにのばす。円形の型を当て、ずらしながら生地を弓形に切り取る。白い方が少し小さくなるように切る。

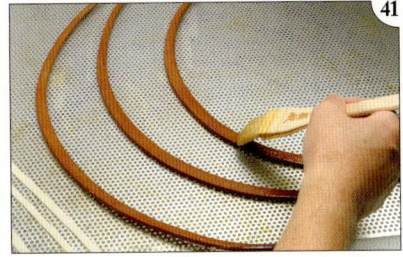

ココア生地の上に卵を塗る。

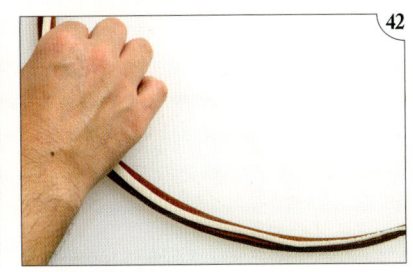

その上に白い生地を貼り付ける。上から水を吹きかけ、上火150℃／下火150℃で扉を開けたオーブンで10分程度乾燥焼きにする。

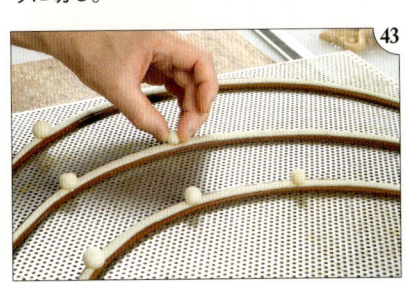

取り出し、米粉生地（白）で作った球を付ける。

〈9. 鶴のイメージを作る〉A

シロップ生地（ブラックココア）を棒状にのばす。転がしながら、片方は首を細く頭をやや大きくとるよう、生地の配分をしていく。

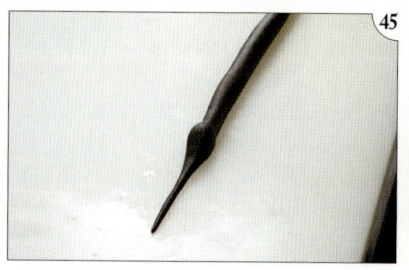

頭からくちばし部分をのばす（写真は全長110cmに成形）。

天板に油を引いてセルクルを置き、頭の曲がり具合を決める。

全体に水を吹きかけ、手でこすって艶を出す。

下は、安定が保てるよう底の接着部分に生地を足す。

さらに安定感を出すために、底部分に補助パーツを付ける。

上火170℃／下火170℃で約40分焼く。このとき、胸部に付ける花の台（円錐形）も焼く。

オーブンから出して温かいうちに頭の下にセルクルを挟み、首に動きを付ける。再び、そのまま40分ほど焼く。焼き上がったら、オリーブ油を塗る。

〈10. 補強パーツを作る〉

塩生地を厚さ4mmにのばし、ピケローラーで空気穴を開けて、長方形と円形の生地を切り抜く。上火170℃／下火170℃で約20分焼成。熱いうちに長方形は丸めて円筒にする。長方形1個に対して円形は2個ずつ必要。ひも状の生地も作る。

円筒にした生地の縁に卵を塗り、ひも状生地を置き、水を吹きかけて円形生地を付ける。反対側も同様にする。

見えない部分の支えにするものも、きちんと作る。

[組み立てる]

1. シロップ生地（ココア）を厚さ5mmにのばし、竹串で表面に柄を描く。上火170℃／下火170℃で10分ほど焼き、取り出して正しいサイズに切る。断面には同じ生地を葉形で抜いたものを貼り付ける。再び40分焼く。

2. p.108-54の補助パーツを2枚の土台生地の間に挟み、固定する。

3. 1と同じ生地から直径25cmの円形を切り取り、空気穴を開け、周囲にひも生地を貼り付けてマジパンニッパーでつまみ、卵を塗って1と同様に焼き上げる。これに2を固定する。

4. ※競技では接着剤は食べ物に限定されるが、一般的にはホットボンドが作業効率が良い。

5. 接着面は補助パーツをパラチニットで付ける。

6. 円形の台座を貼る。

7. さらに、台座を付ける。

8. 立体的に浮かせて見せるために、さらに一回り小さな台座を付ける。

9. パン・ド・カンパーニュを自由な形で焼き上げ、足元に置く。

10. 花を取り付ける。

11. 最上位置の花には、シロップ生地（白）で作った葉を付ける。

12. 最も大きな花は、一番下に付ける。

13 焼き上がった鶴のイメージを8の台座に固定する。円錐形のパーツを少し下に付ける。

14 発酵生地で作った花を13の円錐形のパーツに付ける。

15 この花を正面にする。

16 翼の接着位置、角度を確認する。

17 p.109-6、7、8で重ねた台座の間にできた隙間に、翼を差し込み、取り付ける。

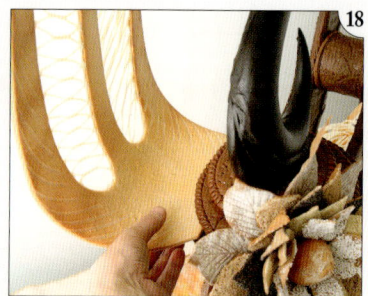

18 反対側も、同様に取り付ける。

19 翼は左右のバランスを見て、固定する。

20 足元には、p.107-39で作ったパーツを固定する。

21 弓形を右下に2本、取り付ける。

22 弓形を2本、左上に取り付ける。完成。

クープ・デュ・モンド・ド・ラ・ブーランジュリー 2012 に向けての軌跡

世界大会 3年前
2009年3月　国内予選で日本代表選手が決定。
飾りパン部門で神戸屋レストラン・畑仲尉夫が選ばれる。

アジア・オセアニア地区予選に向けてトレーニング開始。飾りパンのテーマは「自国のシンボル」。このころは、太鼓、花火など「祭り」をイメージしたもので構成を進めていた。

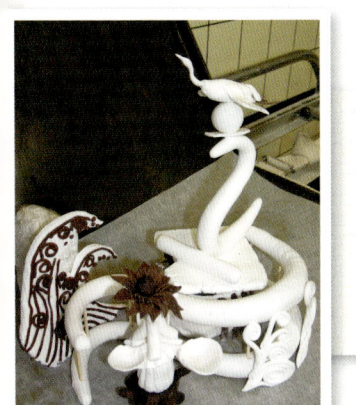

世界大会 2年前
粘土で別案を構成。下に波を配し、上には飛び立つ鶴を置いて、さらに考える…。

鶴を日本女性に見立て、下に着物の裾を伸ばすべく、試行錯誤が続く。

世界大会 10か月前
2011年5月開催のアジア・オセアニア地区予選に出場し、高い評価で世界大会への切符を手にした作品。この時は鶴が白黒2羽、寄り添っていた。

約1年後の世界大会に向けてさらに磨きをかけると同時に、8時間で作り切れるよう確認作業が続く。その中で、畑仲の友人がさらにエレガントにと、イラストを起こし（右参照）、応援してくれる1こまも。

2012年3月、世界大会本戦
この日までに集まった数え切れないほどの多くのアイデアと支援が形になり、「美しい日本」が完成。バゲット・パンスペシオ、ヴィエノワズリー部門も併せ、日本のチーム力が世界を制した瞬間だった。

神戸屋レストランと飾りパンの歴史

こうして飾りパンは始まった

「1994年、日本の飾りパンの歴史が始まった」こう言っても、過言ではないと思います。それまでは、フランスやドイツのパン屋さんのショーウインドーに、あんな楽しい装飾がある、あんな芸術的な遊び心がある、その程度のものだったと思います。そこには、イタリアのバールのサンドイッチ、オーストリアのケーキ屋のショーケースとは違う、パンの芸術がありました。「食べられないのに、もったいない」。間違いなく、食糧が不足している時代にはなかった遊び文化です。そして1994年まで、少なくとも日本では、その技術も、情報も、個人の趣味の範疇を越えるものではありませんでした。

飾りパンの流れには、大きく2種類、フランス流とドイツ流があるようです。動物パンもありますが、そこには、芸術的な意味合いは感じられません。

フランス流は、パン生地の面、平面に細工したパンをのせ、つくりあげます。題材は、いろいろな図柄の中でも、圧倒的に、麦穂の絵が多いようです。

もう1つがドイツ流。薄い板、黒いジンジャーブレッド。そのジンジャーブレッドから、おもちゃのLEGOのような部品を切り出し、それを組み合わせて小屋や家、建物をつくって遊びます。フォンダンで縁取り、いろいろな菓子・ナッツ・ドライフルーツを装飾し、クリスマスの家の完成です。

一般には、ベーカリーワールドカップの飾りパン部門で優勝した1994年、日本の飾りパンの歴史が始まった、と言われています。が、話は、さらにその2年前、1992年（平成4年）までさかのぼります。

この年、ドイツで世界最大の製パン・製菓機材見本市「iba」が開かれました。ibaには、弊社も含め、世界中の製パン企業が視察団を編成し、情報収集をしたり、商談をしたりしています。この展示会場に、フランスの飾りパン、ドイツの飾りパンがずらりと並んでいました。当時は、ベーカリーワールドカップの情報も、その競技種目に飾りパンがあることも分かっていません。異常に広い展示スペースに、たくさんの飾りパンが展示してある姿は圧巻でした。ただ、あくまで製パン・製菓機材の見本市であり、芸術的な興味を持つ来場者は少なく、人気はあまり無かったようです。

しかし、その弊社の視察団の中に、たまたまこの飾りパンの展示に興味を持った団員がいました。「この情報は、いつか日本で役に立つかもしれない」。そんな軽い気持ちで、パビリオンの端から端まで、展示作品を全てカメラに納めて帰ります。つまり、フランス流とドイツ流の代表的な飾りパンの最新情報・事情を持ち帰ったのです。しかし、この情報は、当然、社内の視察報告書に載せられることもなく、現像だけされて、書庫に眠っていました。

神戸屋レストラン本社前に飾られた飾りパン。季節によって置き換えられる

1994年、クープ・デュ・モンド・ド・ラ・ブーランジュリー初出場で部門優勝を果たした古川明理氏（左）

1996年の出場は、馬場正二氏。前回に続き、飾りパンで部門表彰を受けた

　それから約1年後、日本にとって初めての国際大会、ベーカリーワールドカップの話が持ち上がります。飾りパンを担当することになったのは弊社、神戸屋レストランの古川明理。しかし彼は、どうして良いか途方に暮れ、頭を悩ませていました。そこに「ヨーロッパの飾りパンの最新情報が全て写真になっている」という一報が飛び込みます。古川の目は輝きました。

　ベーカリーワールドカップ、すなわちCoupe du Monde de la Boulangerieは、フランスパンの技術者世界一を決めるコンテストです。フランス流・ドイツ流の中でも、フランス流が飾りパンの主戦場になることは明らかでした。明らかは明らかでしたが、初めての国際大会、参加各国がどんな戦いをしてくるか、誰も想像もつきません。そもそも競技の枠組みが発表されただけで、競技規定と審査基準を十分理解できずにいました。そんな試行錯誤の中で1994年を迎えていたのです。

　ただ、フランスとドイツの飾りパンがどんなものであるか、これが分かっただけで、それだけでも貴重な情報でした。ちなみに1992年、ほとんど誰も興味を示さなかった飾りパンに興味を抱き、端から端まで全作品をカメラに納めて来たのは、神戸屋の現社長である桐山です。

　フランスとドイツの手の内は分かりましたが、他の国は何をしてくるか分からない、そんな悶々とした不安の日々が続きます。競技場で与えられた原材料を使い、焼き込んだパンであること、ケーキであってはいけない。競技規定も、まだまだ発展段階でした。そんな中、大会当日を迎えます。フランス、ドイツ、ヨーロッパ各国とアメリカは、ほぼ、想定内の飾りパンを出してきました。フランスパンの大会であり、参加各国もフランス流が主体です。そもそもフランスパンの大会であること、さらに規定の面で、ドイツ流はちょっと難がありました。

　そんな中、日本の作品に審査委員全員が目を見張りました。真っすぐは真っすぐ、丸くは丸く、角張った角は角張って、薄いところは薄く、分厚いところは分厚い。この、粘土なら簡単にできることが、発酵し、焼成で発酵を止め、固めるパンでは難しい。それなのに古川は、パン生地をまるで魔術師のように、自由自在に扱ったのです。「パン生地づかいの魔術師」。そんな言葉が当てはまります。

　日本の飾りパンの歴史は、1994年のこの作品に始まりました。それから2回、ベーカリーワールドカップの飾りパンの優勝は日本が独占し続け、弊社からはその代表を送り続けました。飾りパンは、言わば日本のお家芸になり、1999年以降、その部門表彰は無くなりました。

　古川明理の飾りパンへの探究心は、1994年以降も続き、それが1つの型になるには、それからさらに10年かかりました。2004年、ある店舗の開店を祝い展示

1999年出場は中山透氏。この回から部門別表彰は無くなったが、総合で3位に入賞

2002年、渡辺明生氏を含む日本チームは世界優勝を果たす

した作品は、サッカーのワールドカップ・トロフィーをイメージしているようにも見えます。何と言っても、土台の上にパンの常識を超えた巨大な地球、球形のオブジェが浮かんでいました。つまり、常識的な飾りパンは、凹凸、カーブはあってもほぼ平面、裏表がありますが、古川のたどり着いた飾りパンは、どこから見ても立体作品、3D、三次元です。パンで中空の球体をつくり、高い土台の上にのせる。パン職人なら重力との戦いになるこの作品の技術的な難しさと困難さが分かります。

2002年の『桜の樹』にも3Dの構想がうかがえますが、まだ、裏表があります。3Dの具体的な構想は、空に浮かんだオブジェ、この作品から始まりました。3D、つまり前後、左右、どこから見ても作品、ただし上下はあります。

この古川の発想は、社内の基本思想となり、回を重ねるごとに洗練され、ベーカリーワールドカップ2012の『鶴』で、その教えを受け継いだ畑伸が、1つの形にしてくれました。これが日本の飾りパンの型になるかは分かりませんが、これまで、平面であった飾りパンにも、これは大きな影響を与えているのは事実です。

日本の飾りパンの原型

ここで、触れておかなければならない人物がいます。パリの第一線でパン屋を経営するベルナール・ガナショー氏です。

氏と神戸屋は1984年から、約10年にわたって技術提携を結び、本格的なフランスパンの指導を仰ぐ中、彼が自店に飾っている飾りパンの一部を披露してくれることがありました。

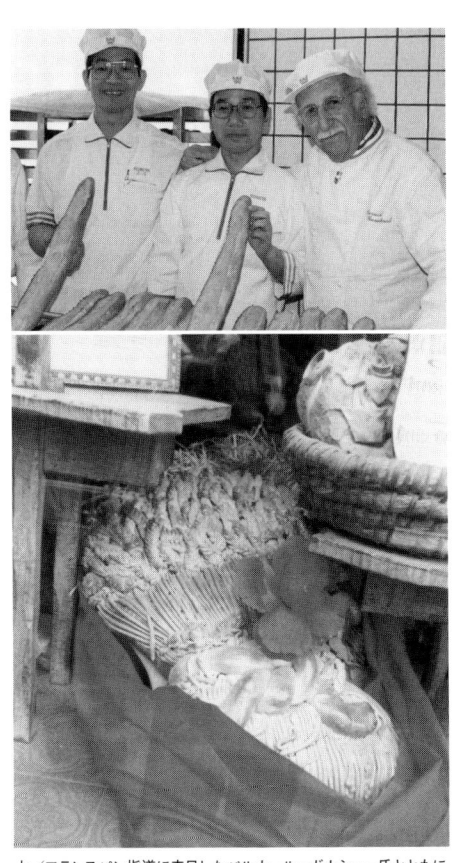

上／フランスパン指導に来日したベルナール・ガナショー氏とともに
下／ガナショー氏が現役のころ、お店に飾っていた麦の飾りパン

2008年出場は山崎彰徳氏。このころから飾りパンの方向性が大きく変わってきた

2012年、畑仲尉夫氏は大きく羽ばたく鳥をイメージ。日本チームは2回目の世界一に輝いた

「麦の穂は、こうしてつくるんだよ・・・」。

当時の日本サイドにとって、そのときこれを積極的に受け入れる余裕はなかったかもしれません。それでも、フランスの実力者ガナショー氏に飾りパンの基本を見せてもらった古川は、この一瞬の一挙手一投足を見逃すことはありませんでした。

フランス本流の基礎とベーカリーワールドカップでの結果。これが今日の日本の飾りパンの原型といっても過言ではないと思います。

人材育成と飾りパン

神戸屋と神戸屋レストランの飾りパンの人材育成の方針は、当然、古川明理の人材育成の方針、考え方に負うところ大である、というよりも、古川明理の人材育成術、人間育成術そのものといった方が良いと思われます。

代表を目指す技術者は、技術に加え、社会人としても、一人前の人格が必要とされます。そうでなければ、周囲の支援や協力を得られません。さらに、年齢、個人的な事情、巡り合わせもあり、代表の選考会に応募するだけでも、実際、限られたものだけに許されたチャンスとなっています。日々、努力を積み重ね、精進を続けていたら、もしかすればチャンスが転がり込んでくるかもしれない。そんな感があります。それだけまれなチャンスが巡ってきた社員たちは、それぞれ個性にあふれています。この違いは、見事に飾りパンの作品に表れ、パンの表情さえ違って見えます。そんな長所を生かさない手はありません。

神戸屋の教育では、それぞれの技術者の長所、得意な能力、やりたいことを極限まで高め、引き上げ、これを基本としています。やはり世界大会ともなると中途半端なレベルでは勝てません。この極限まで高め、引き上げる、これがなければ世界大会で通用しないのです。得意なこと、やりたいことであっても、それを極限まで磨き上げ、他の人の追従を許さないレベルまで高める、これは尋常な修練では到達できない境地なのでしょう。

古川は、若い技術者にこれを要求します。そして、若い社員たちも、よくそれに付いていくと感心します。はたから見ていても、その厳しさが伝わってきます。

クープ・デュ・モンド出場選手に渡されるコックコート。胸のエンブレムが誇らしい

2012年、第8回世界大会において日本は2度目の優勝を果たし、世界一に輝く。優勝カップを掲げた日本代表選手は、各国の選手から祝福を受けた

　古川明理の作品は、魔術師のような生地づかいから始まりました。後に続くある代表の作品は、手先の器用さを極限まで引き出したものになり、また、ある代表の作品は曲線の美しさを突き詰めたものでした。その後も、それぞれの代表が、ある時は躍動感で勝負し、またある時は緻密さ、洋菓子の繊細さと華麗さを強みにしていく、といった具合です。その極限まで高められた匠の技、これを前面に打ち出した作品群、従って過去の作品のどれをとっても個性的に見えます。多分、彼らの間では、作品をちょっと見ただけで、誰のものか分かるのではないでしょうか…。

無添加政策が培った修練の場

　神戸屋は、その発がん性が欧州で指摘されたことを契機に、1980年、パン屋にとっての魔法の添加物、臭素酸カリウムの使用中止に踏み切りました（当時の厚生労働省の指導により、業界が臭素酸カリウム使用を自粛するのは1992年。その後、2004年、一部製パン会社が使用を再開し、現在に至る）。もとより神戸屋の直営店（現神戸屋レストラン・神戸屋キッチン）では、一貫して人工添加物の無添加を志向してきましたが、1994年、卸商品でも「イーストフード・乳化剤無添加」政策を打ち出しました。

　この無添加政策の推進が、ベーカリーワールドカップ代表の育成の下地になっています。

　ベーカリーワールドカップは、もちろん、無添加でパン製造技術の優劣を競います。添加物を使えば時間を測り、それをきっちり守るだけでまずまずのパンができます。でも、神戸屋の現場は無添加。いちいち生地の状態を見極め、五感で判断し、つくっていかねばなりません。「本物の美味しさを後世に伝える」、この風土が技術者の目を育むのです。生地の出来を判断する回数は、本社の開発部隊が試作するよりも現場の店舗で勤務する社員の方が圧倒的に多い。この生地の出来を見る機会の多さが、ベーカリーワールドカップ・レベルの選手育成の修練の場にもなっているのです。

　事実、日本代表には、開発部隊よりも現場、店舗から選ばれるケースが圧倒的に多いのです。現場での生産の機会を自分の目を肥やす機会、まさに「その時」のための訓練を毎日している感があります。ノルマとして受け止めている社員もいないわけではありませんが、ベーカリーワールドカップ代表を目指そうという社員たちにとって現場は、絶好の修練の場なのです。

飾りパンをつくる感性は
パンづくりの基本

　「飾りパンは、まだ道半ばですよ。世界的なコンテストの評価基準は毎回変化が激しいですし、そもそも日本で飾りパンがつくられ始めてたった20年程度のこと

東京駅丸の内にあるショッピングビル「OAZOオアゾ」1周年を記念して展示（2005年）

左の写真の拡大。入り口の太い柱に飾るため、縦長の飾りパンを何本もつくり、ぐるりと貼り付けました。ポイントは立体感を出す工夫

です。日本における飾りパンは、フランスパンが日本で歩んだような歴史もなく、生地1つとっても、これが手本だといえるまで時間を経ていません」。

すでに何百と作品を作ってきた古川の言葉です。飾りパンにはその道の専門の伝道者がいなかったことと、飾りパンが店の売り上げにつながるという経験がなかったことから、日本全体でみると、まだ技術も、経験値も、理解も十分ではないのです。

それでも飾りパンは、今の神戸屋レストランの店舗がそれを証明しているように、さりげなく店の品質や技術力を発信し、見る人たち全てに楽しさを与え、ひいては物づくり、パンづくりは芸術であると知らしめる存在として、少しずつ、認知されてきたと思います。

古川は言います。

「飾りパンをつくる感性は、パンづくりの基本でもあります。そして技術は日々進化しています。世界と戦うなら、日本はもっと技術を高める必要があると思うんです」。

わずか20年とはいえ、"飾りパンの神戸屋レストラン"は、すでに飾りパンの分野で指導的立場に立つ人材を数多く生み出してきました。

これまでの道のりは、クープ・デュ・モンド・ド・ラ・ブーランジュリーという華やかな国際舞台に目が行きがちですが、技術者たちの舞台は決してここだけではありません。彼らが技術と根気を結集させた作品が、突如、大型ショッピングモールの入り口に姿を現し、人々のため息を誘うこともあれば、テレビドラマの印象的なワンシーンで視聴者の心を温めたこともありました。あるいは親しい身内の集まりや、心を届けたいたった一人のためにも、繰り返しつくられています。

飾りパンをつくる技術。飾りパンを楽しめる感性。

神戸屋および神戸屋レストランは、飾りパンの文化が日本に定着してほしいと考えています。そのためには、日本のいろいろな場所で展示され、少しでも多くの人たちにその楽しさを知ってほしいと思います。

しかし、1つだけ「こだわり」があります。

それは、神戸屋の飾りパンは見せ物ではない、という信念です。弊社には、飾りパンをつくる技術者たちだけでなく、パンづくりに関わる全ての社員たちに、創業者から言われ続けている言葉があります。私たちは「なぜ、パンをつくるのか？」。私たちは「このパンを食べて美味しかった」、「このお店があって良かった」、「この会社があって良かった」、お客様から、こうした一言を頂戴したいがためにパンをつくっているということです。

従って、いかなる時も、どんな賞をいただいたとしても、どれだけマスコミに騒がれようと、この原点、この姿勢だけは忘れてはいけない。こう言われ続けています。

創業から今日まで、この心は変わりません。神戸屋がパンをつくり続ける限り、パンづくりの心だけは忘れません。

3D、三次元空間と遠近法を意識して2004年に古川明理がつくりました。食を文化として捉える企業風土から、社内に飾りパン研究の素地が生まれました

本書の飾りパン製作者

古川　明理　ふるかわ　あきとも
1994年、日本代表として初出場のベーカリーワールドカップ世界大会で飾りパン部門優勝を遂げる。以来、飾りパン分野の第一人者として後進の指導に当たる。

中山　透　なかやま　とおる
1999年大会の飾りパン部門の日本代表。パンづくりのセンスと器用さから飾りパンづくりの適正を認められ、世界大会へ。現在は関西を中心に新規商品の開発を担う。

山﨑　彰徳　やまさき　あきよし
2008年大会、飾りパン部門日本代表。飾りパンの精神性から新しい技術まで包括的に表現しつつ、後進の日本代表の育成に努める。

畑仲　尉夫　はたなか　やすお
2012年大会、飾りパン部門日本代表。勤務先の店舗の先輩に歴代の日本代表がいたことに影響を受け、2002年より研修を開始。今季優勝を手にした。

長田　有起　ながた　ゆうき
2012年大会、バゲットおよびパン・スペシオ部門日本代表。2回目の挑戦で日本代表となり、畑仲とともに世界優勝を手にした。

西田　克年　にしだ　かつとし
2005年のフランスでの本格ブーランジュリー研修を経て、神戸屋レストランにて本格的食事パンの開発に当たる。

参考文献／『パンの原点 −発酵と種−』（日清製粉株式会社）『編みパンの製法』（社団法人 日本パン技術研究所）
撮影・製作協力／日清製粉株式会社　日本製粉株式会社　日仏商事株式会社　株式会社イワセ・エスタ東京　株式会社パンニュース社

飾りパンの技術
神戸屋レストランに見る 基礎、応用、挑戦

初版発行日　2013年3月4日
第2版発行日　2014年7月14日

著者　神戸屋レストラン（こうべや）

企画・制作　有限会社たまご社
編集　松成容子
編集協力　廣渡　淳
撮影　菅原史子
デザイン　吉野晶子（Fast design office）
発行者　早嶋　茂
制作者　永瀬正人
発行所　株式会社 旭屋出版
　〒107-0052　東京都港区赤坂1-7-19　キャピタル赤坂ビル8階
　電話：03-3560-9065（販売）
　　　　03-3560-9062（広告）
　　　　03-3560-9066（編集）
　FAX：03-3560-9071（販売）
　郵便振替：00150-1-19572

　ホームページ　http://www.asahiya-jp.com

印刷・製本　共同印刷 株式会社

※禁無断転載
※許可なく転載・複写ならびにWeb上での使用を禁じます。
※落丁本、乱丁本はお取り替えいたします。

ISBN978-4-7511-1017-1　C2077
©KOBEYA RESTAURANT & ASAHIYA SHUPPAN CO.,LTD.2013　Printed in Japan